JOSÉ SAN ROMÁN, CMF

MESTRES DE NOVIÇOS

Como foi o noviciado em outros tempos

2

EDITORA SANT(
Aparecida-S|

Título original: *Maestros de Novicios*
© Publicationes Claretianas, Madrid, 2000
ISBN 84-7966-217-4

Tradução de Pe. Ivo Montanhese, C.Ss.R.

Com a concordância dos editores do original espanhol, esta obra está sendo publicada em três fascículos. Este segundo corresponde à 1ª parte da edição original.

ISBN 85-7200-765-2

Todos os direitos em língua portuguesa
reservados à **EDITORA SANTUÁRIO** – 2001

 Composição, impressão e acabamento:
EDITORA SANTUÁRIO - Rua Padre Claro Monteiro, 342
Fone: (0xx12) 565-2140 — 12570-000 — Aparecida-SP.

Ano: 2006   2005   2004   2003   2002
Edição: **10**   9   8   7   6   5   4   3   2

APRESENTAÇÃO

Breves linhas sobre os destinatários, a distribuição dos capítulos e a finalidade destas páginas.

1. Os destinatários

O título *Mestres de Noviços* indica quem são os primeiros destinatários deste livro: aquelas pessoas as quais foi confiada a formação e o acompanhamento dos candidatos à vida religiosa durante a etapa do noviciado, ou a quem se vai confiar logo essa tarefa. Por extensão, destina-se também aos que colaboram nessa missão formativa.

Parece óbvio, mas é bom dizer que onde se fala de *mestres* ou *mestre* quero referir-se também às *mestras* ou *mestra*. E quando emprego as palavras *noviços* ou *noviço* quero aludir também a *noviças* ou *noviça*.

Reconheço meu atrevimento ao apontar como destinatários universais destas páginas mestres e mestras ligados a famílias religiosas tão díspares entre si: institutos de vida apostólica, ou dedicados totalmente à contemplação; ordens antigas, com uma ampla trajetória formativa, e congregações modernas; mestres e mestras à frente de noviciados pujantes, ou de noviciados reduzidos à mínima expressão numérica; em comunidades situadas na zona rural ou em casas inseridas em periferias populares; ou, talvez, em um apartamento em meio a uma grande cidade; pertencentes, talvez, ao chamado *Terceiro Mundo*, rico em vocações e com uma sensibilidade peculiar, ou ao *Primeiro Mundo*, antigamente florescente e agora atravessando a provação da escassez e do envelhecimento institucional; mestres e mestras com idiossincrasias e culturas diferentes etc. Sei que escrever para todos e fazê-lo acertadamente é difícil e arriscado. Assumo essa limitação.

2. A distribuição dos capítulos

O material está distribuído em 3 partes ou blocos diferenciados: o primeiro bloco trata-se do noviciado, enquanto âmbito institucional no qual se desenvolve o trabalho do mestre: recorda-se como foi historicamente e se delineia sua configuração atual, segundo a legislação eclesiástica vigente (1ª parte: assim, dando a conhecer o passado histórico e seu presente, oferece-se um complemento informativo ao *saber do mestre*, acrescentado aos conhecimentos que já possui enquanto profissional da educação nesse campo específico.

No segundo bloco (2ª parte) estudaremos a figura do mestre — *o ser do mestre* —: sua integração na comunidade formativa, suas características e atitudes, seu jeito pessoal e a relação educativa.

O terceiro bloco (3ª parte) será dedicado aos aspectos programáticos e metodológicos — *o fazer ou o saber fazer do mestre* —: a planificação de objetivos e conteúdos, ou linhas do *iter* formativo, e a resposta às questões de método (que fazer, onde, como, quando...): a localização da casa, a organização da etapa, a animação comunitária, as relações, as dinâmicas espirituais e formativas ordinárias, e a proposta de algumas experiências intensivas ou de especial alcance pedagógico.

3. Finalidade

Este livro foi escrito com uma intenção pedagógica. Levam-se em conta os dados históricos, as prescrições canônicas e os princípios da teologia da vida religiosa. Mas, principalmente, se procura fazer uma reflexão pedagógica sobre o noviciado. É uma reflexão que além do mais, parte da própria práxis formativa. Seja-me permitido acrescentar ainda algumas linhas antes de concluir a apresentação: escrevi estas páginas sem nenhuma pretensão de falar como mestre. Estas anotações foram surgindo pouco a pouco e encaminhadas à tipografia como uma necessidade interior de verbalizar minhas reflexões. Gostaria, é claro, que algo tão pessoal pudesse servir de ajuda, ainda que modesta, aos mestres, de cuja missão educativa participei muito tempo, só Deus sabe com que resultados.

Que esta seja uma expressão de minha sincera gratidão e reconhecimento do dom inestimável que se revelou a mim na pessoa de tantos jovens.

Nota do editor: Nesta edição brasileira, preferimos colocar num primeiro fascículo a segunda parte da obra original. Num segundo fascículo teremos a primeira parte, e num outro a terceira.

I

COMO FOI O NOVICIADO EM OUTROS TEMPOS

1. Um olhar retrospectivo: o noviciado na história

Pode considerar-se uma conquista da própria vida religiosa, formada ao longo dos séculos, mediante a experiência de inúmeros homens e mulheres, ter-se chegado a uma formulação perfilada do que seja o noviciado. Isso justifica o fato de lançarmos um olhar retrospectivo, quase como um relâmpago, para essa história que nos irá possibilitar rastrear as marcas antigas daquilo que hoje em dia é o noviciado, permitindo-nos deste modo, uma compreensão mais completa de sua atual configuração.

O noviciado não é uma invenção moderna. É lógico que a vida religiosa tenha contado desde muito tempo com alguma instituição encarregada de facilitar a passagem dos candidatos da vida secular para a vida monacal. E, com efeito, uma vez que a vida religiosa organizou-se de forma associativa, isto é, depois da experiência eremítica, a instituição do noviciado foi um elemento inerente para toda nova família religiosa aparecida na Igreja. Entende-se facilmente que isto fosse assim. Ninguém se associa a um grupo de religiosos sem motivo.

Conseqüentemente parece compreensível que desde a Antigüidade o ingresso para a vida religiosa inicia-se com uma experiência

7

introdutória, institucionalizada, mediante a qual se pudesse provar e preparar aqueles que quisessem consagrar-se a este tipo de vida.

Não há a menor dúvida acerca da existência desse tipo de instituição a qual chamamos de noviciado, nos tempos antigos. Atestam-nos diversos textos, embora breves e dispersos. São testemunhos que se encontram perdidos no seu conjunto de informações pertencentes às regras antigas e outros documentos do Oriente e do Ocidente. A ausência de algumas referências mais amplas expressamente dedicadas ao noviciado leva-nos a pensar que esta etapa formativa de fundamental importância pode ter existido de diferentes modos nas diversas épocas e formas de vida consagrada. Contudo, é interessante poder constatar a existência dessa instituição em tempos antigos a partir destes textos que, embora sendo breves e dispersos, revestem-se de um grande valor testemunhal[1].

É a partir do século XII quando aparecem os primeiros tratados ou amplas referências acerca dos noviços. Em primeiro lugar em forma de cartas; posteriormente com um tratamento muito mais sistemático. E observa-se que não existe um regulamento uniforme sobre o noviciado. Cada mosteiro determina normas ou maneiras de proceder. A organização, pois, do noviciado é diferente e flexível. Não há, porém, uma legislação comum dimanada da autoridade eclesial. Teremos de esperar o Concílio de Trento para que se produza a uniformidade de critérios e para que seja a Igreja que estabeleça, em nível universal, algumas diretrizes.

Com o Concílio de Trento (1545-1563)[2], o noviciado adquiriu uma forma institucional propriamente universal e obrigatória para aqueles que pretendem ingressar na vida religiosa. O Concílio, que se viu na necessidade de pôr ordem e ajuste em muitas matérias,

---

[1] Cf. LECLERCQ, J. "Noviziato. I. Nella storia della spiritualità", em PELLICCIA, G. e ROCCA, G. (dir.). *Dizionario degli Istituti di Perfezione (DIP)*, VI. Roma, Ed. Paoline, 1980, p. 442-448.

[2] Decreto *De regularibus et monialibus*, ss. XXV, cap. XV.

também o fez no campo da vida monacal. A reforma de Trento afetou em cheio a vida e a organização dos mosteiros, cuja situação não era precisamente muito brilhante sob vários aspectos. O Concílio estabeleceu que não se chegaria à vida religiosa sem uma esmerada preparação prévia que devia prolongar-se por um ano. Somente ao cabo de um ano, e sempre que já tivessem completados os dezesseis anos de idade, poderiam os candidatos tornar-se religiosos mediante a profissão dos conselhos evangélicos. Convém notar a passagem decisiva que desde Trento surgiu com essa medida. Anteriormente a profissão não era obrigatória; os aspirantes ou noviços passavam a fazer parte do mosteiro ou da ordem com uma simples inscrição, sem que houvesse a profissão religiosa. Desde Trento, ao contrário, a incorporação à vida religiosa iria ligada à profissão religiosa dos conselhos evangélicos, e esta à realização de um ano prévio de preparação. O noviciado, como período de preparação, ficava desta maneira regulado pela Igreja com obrigatoriedade universal.

O Concílio de Trento significa, para a instituição do noviciado, a linha divisória entre uma primeira etapa, caracterizada pela ausência de uma legislação uniforme, embora ela fosse enormemente rica na tradição e ensaios metodológicos de iniciação na vida religiosa, e outra etapa que foi avançando no aperfeiçoamento da estrutura jurídica do noviciado a partir de sua institucionalização. Ambas as etapas, pré-tridentina e pós-tridentina, contribuíram para configurá-lo em seus aspectos educativos e espirituais. Por isso vale a pena que detenhamos nosso olhar sobre estes períodos da história do noviciado. Depois continuaremos seu estudo até nossos dias.

2. O noviciado no período pré-tridentino

O período pré-tridentino termina, evidentemente, com o Concílio de Trento. É difícil, entretanto, assinalar quando começa. De qualquer modo, trata-se de um período bastante amplo que compreende toda a experiência anterior a este concílio referente à vida do noviciado.

Interessa-nos trazer à luz aqueles aspectos organizadores, educativos e espirituais que há na tradição anterior à institucionalização oficial do noviciado. Mais que a exatidão cronológica ou a precisão na indicação de datas concretas, interessa-nos, logicamente, captar quais são esses elementos educativos, metodológicos e espirituais deste período e entender em que direção vai a práxis seguida na vida religiosa durante estes séculos[3].

A primeira observação que se deve fazer, é ter presente que a preparação para a vida religiosa, tanto na Antigüidade como na Idade Média, continha geralmente dois períodos de prova. É importante não confundi-los. O primeiro vinha a identificar-se com o *postulantado*. Somente o segundo coincidiria propriamente com o noviciado. O noviciado era o período com o qual se dava início, propriamente, à formação para a vida religiosa. Tinha uma *duração* variável, que oscilava entre os três meses, assim como prescreviam algumas regras, e um ano, que era o mais freqüente. No Oriente o noviciado costumava prolongar-se por um período mais longo; o normal era durar três anos, embora citam-se alguns casos particulares nos quais a duração do noviciado foi prolongado exageradamente até sete anos ou, inclusive, até quinze anos. No Ocidente prevaleceu a convicção de que um ano era o tempo suficiente e mínimo para se fazer o noviciado. Realmente, este seria o costume consagrado por Trento, embora alguns institutos, como a Companhia de Jesus, preferiram dar ao noviciado uma duração maior.

Quanto ao assunto da *situação determinada* do noviciado, houve variações de opções: algumas vezes ficava instalado separada-

---

[3] Sigo a exposição de J. Leclercq, *op. cit.*, p. 445ss., e A. Boni. "Noviziato. Legislazione", *ibid.*, p. 448-460.

mente da comunidade, embora próximo; outras vezes situava-se ainda mais longe da mesma, como se fosse um pequeno mosteiro autônomo. Com esta medida relativa da separação, pretendia-se garantir da melhor maneira possível a tranqüilidade para os noviços e sua dedicação à vida de oração. Talvez a suposta movimentação das comunidades numerosas não garantisse essa tranqüilidade suficientemente. No caso de a comunidade estar formada por um número reduzido de membros, os noviços costumavam integrar-se totalmente na mesma.

Nos mosteiros manteve-se a *finalidade* eminentemente formativa do noviciado como período de prova e de preparação para converter os candidatos em membros completos e ligados à comunidade religiosa. Dava-se aos candidatos uma formação espiritual, doutrinal e prática que se caracterizava por um acentuado tom ascético. Particular ênfase colocava-se, efetivamente, no tema da renúncia. Insistia-se na necessidade de abandono dos bens temporais e na conveniente ruptura, tanto com o ambiente secular como com a própria vida passada. Eram exigências impostas pelo estilo de vida que supunha passar a fazer parte deste novo grupo humano religioso, no qual prevalecia um tratamento igualitário e sem discriminações e no qual se exigia aceitar a todos quantos compunham a nova família, embora sendo de origem distinta e condição social diferente.

Uma série de elementos externos contribuíam para identificar inequivocamente a nova situação dos aspirantes ou noviços: o *hábito* que vestiam, que podia ser idêntico ou parecido com o qual vestiam os monges: às vezes recebiam também a *tonsura monástica*, e a estes sinais externos acrescentava-se, com freqüência, a realização de uma formalidade: apresentar uma *petição* de admissão no mosteiro. Esta petição consistia num formulário no qual se manifestava tanto a liberdade com a qual os aspirantes solicitavam seu ingresso como a atitude dos mesmos para o futuro. Isto é, faziam uma *promessa,* mais ou menos explícita, de não voltar ao mundo, de renunciar a todas suas propriedades, de obediência e de fiel observância regular. Que diferença substancial se poderia encontrar —perguntamos — entre este tipo de promessa e a profissão religiosa estritamente como tal? As obrigações ou exigências religiosas decorrentes de ambas poderiam ser, por acaso, diferentes? Deve-se acentuar, contudo, que nem sempre e em todas as partes seguia-se essa disciplina. Mas parece que essa era a tônica ou costume generalizado, embora fosse gerando certa evolução com o passar dos tempos: até o século VI o ingresso na vida religiosa era considerado definitivo, para sempre. Já no século VI, porém, parece que São Bento e São Gregório Magno entendiam que o noviço tinha de gozar de plena liberdade para dar uma marcha à ré, se desejasse, deixando o mosteiro e voltando ao próprio ambiente secular. Mas estas idéias avançadas, embora fossem de pessoas reconhecidas por seu prestígio e santidade, foram perdendo força com o passar dos séculos. Durante a Idade Média impunha-se novamente a concepção antiga. E foi preciso esperar os séculos XII e XIII para que se voltasse a reconhecer aos noviços seu *Direito* de abandonar o mosteiro com toda a liberdade, se esse fosse seu desejo.

A delicada tarefa de *formação* dos noviços confiava-se especialmente aos cuidados de um dos religiosos do mosteiro. Ao religioso que assumia tal responsabilidade, na Antigüidade, dava-se o nome de *sênior*[4] e na Idade Média, *prior* ou *mestre de noviços*. Era geralmente um só para todo o grupo. Em alguns casos, curiosamente, designava-se um *sênior* para cada noviço; ou cada pequeno grupo composto de aproximadamente dez noviços contava com seu respectivo *mestre*. O mestre tinha a obrigação de instruir os noviços nos conhecimentos específicos da vida monacal, corrigir seus defeitos e desempenhar ele mesmo o ofício de confessor.

---

[4] Nos antigos mosteiros costumava-se encarregar sempre o cuidado e a formação dos candidatos a um monge *ancião* e experiente (assim se recomenda nas regras de São Basílio, de Cassiano e de São Bento); cf. LESAGE, G. "Maestro dei novizi", em PELLICCIA, G. e ROCCA, G. (dir.), *DIP*, V. Roma, Ed. Paoline, 1978, p. 846ss.

12

As *qualidades* com as quais devia estar revestido o mestre de noviços, conforme se desprende de testemunhos que se remontam ao século XII[5], condensam-se nas seguintes: discrição, maturidade humana, posse de conhecimentos relativos à própria família religiosa e os referentes à observância regular. Mas acrescenta-se a estas qualidades o ser uma pessoa bondosa, isto é, ser dotado de um bom caráter que lhe permitisse não extrapolar nas exigências com os noviços; ou, dito de outra forma, não se tornar excessivamente rigoroso com eles. Surpreende esta sensibilidade, sobretudo, se for avaliada de um ponto de vista tão distinto de nossos dias.

Embora a formação estivesse confiada de maneira especial ao mestre, toda a *comunidade* era de algum modo responsável pela formação dos noviços. A contemplação da comunidade a partir da observância do noviciado tinha de ser forçosamente influente. Os religiosos do mosteiro, com suas virtudes e seus defeitos, estariam sob o olhar de cada um dos noviços. A influência formativa, por conseguinte, tinha de ser inevitável. Pois bem, particular influência exerceria sobre eles a figura do *abade* ou superior. Ele era, numa última palavra, o responsável pela caminhada do noviciado e a ele correspondia a nomeação do mestre como encarregado direto da formação. Da qualidade e personalidade do abade dependeria, em grande parte, sua influência positiva sobre o grupo de noviços. Recorda-se, por exemplo, a diligente solicitude que para com os noviços de Claraval tinha o abade São Bernardo. Chegou a cultivar uma íntima amizade com os noviços e a demonstrar-lhes verdadeiro interesse por sua vida, tendo o diferente costume de se aproximar para conversar com eles cada vez que regressava de suas viagens.

---

[5] Conforme V. HERMANS, "De novitiatu in Ordine benedictino-cisterciensi et in iure communi usque ad annum 1335", em *Anl. O. Cist.* 3 (1947), p. 92-93, citado por J. LECLERCQ, *op. cit.*, p. 446.

E quais eram as *atividades* nas quais se ocupavam os noviços? Ordinariamente eram atividades que se mantinham dentro da linha formativa própria da instituição do noviciado e em fiel correspondência à finalidade de preparar o jovem monge para sua futura vida no mosteiro. Os noviços viam-se na necessidade decisiva de demonstrar que sua conversão, aquela que havia motivado o desejo de entrar para o mosteiro, havia sido autêntica. Submetiam-se a duras penitências, a humilhações, a trabalhos e a determinados serviços nada brilhantes aos olhos do mundo. Exercitavam a renúncia à própria vontade aceitando as ordens com uma obediência pronta e cega. Estudavam as regras e procuravam observá-las. Seguiam os costumes peculiares da vida religiosa ou do mosteiro e adotavam as atitudes próprias da vida monástica, especialmente no que se referiam às mortificações, ao autodomínio e demais virtudes ascéticas. Recomendava-se-lhes com particular cuidado exercitar-se na virtude da paciência, sobretudo diante das tentações contra a castidade que facilmente seriam despertadas naqueles que haviam passado do ambiente secular para o do claustro, pela tensão inerente à ruptura com a vida passada.

Essa formação, de nítido cunho ascético, ia acompanhada de sábias advertências acerca da moderação no uso dos meios de mortificação, com as quais se procurava refrear os excessos perniciosos motivados, talvez, pelo fervor sem controle de alguns principiantes. Tinha-se em consideração também o fácil desânimo, típico daqueles que começam. E era dentro do espaço da confissão sacramental, ou nas conversas com o mestre ou com o abade que os noviços encontravam ocasião propícia para a confidência, para o desafogo pessoal, encontrando assim um apoio em sua fraqueza. Neste mesmo espaço iriam adquirindo uma maior delicadeza de consciência e as forças necessárias para se decidir a fazer progressos no caminho da perfeição evangélica.

As atividades ou *práticas espirituais* que os noviços realizavam eram: a leitura e meditação da regra; a leitura das Sagradas

Escrituras; memorizavam o Saltério para a recitação; guardavam silêncio, com o que se supõe de domínio e entendimento que não consiste somente em estar calados; escutavam as exortações e sermões que eram dirigidos a toda a comunidade, no capítulo; também havia algumas palestras ou conferências que eram dadas expressamente aos noviços etc.

Os testemunhos relativos à *temática* espiritual do noviciado neste período pré-tridentino giravam em torno do encontro pessoal do noviço com Deus, com Cristo, e à contemplação assídua do mistério da cruz. Temas debatidos eram os referentes à provação e à renúncia, com a prova das citações bíblicas neotestamentárias que se referem às atitudes do seguimento.

É precisamente aí, nesse conjunto de referências bíblicas, que encontramos uma coincidência, uma unidade temática, ao longo dos séculos. Os demais aspectos institucionais do noviciado, pelo contrário, assim como sua legislação, tiveram variações notáveis. Este fato é significativo. Na opinião de Leclercq, este fato demonstra que não é na legislação uniforme e universal, conseguida somente tardiamente, na qual se estriba a força desta instituição, adaptada com a passagem do tempo para as mais diversas condições sociológicas, mas que se apóia antes nesse fundo comum tradicional e nessas fontes bíblicas nas quais bebe e inspira sua doutrina[6].

Encerra-se esse período, naturalmente, com o Concílio de Trento. Já dissemos que com o Concílio de Trento o noviciado adquire carta de natureza universal e impõe-se sua obrigatoriedade a todos os aspirantes à vida religiosa e ao ficar estabelecido como condição indispensável para a validade da emissão da profissão religiosa.

---

[6] LECLERCQ, J., *op. cit.*, p. 448.

3. O noviciado no período pós-tridentino

O Concílio de Trento institucionalizou o noviciado. Este fato foi de transcendental importância para a vida religiosa porque a partir de então não ficava mais ao arbítrio dos estabelecimentos particulares o estabelecer esta etapa formativa nem o determinar sua duração caprichosamente. Reconhecia-se oficialmente a transcendência desta etapa e, por isso mesmo, estabeleciam-se normas que a regulavam.

A partir de Trento o noviciado foi ganhando maior importância. É compreensível. Anteriormente, entre os monges e os primeiros mendicantes, o noviciado consistia num período de provações que era breve. Não se via a necessidade de que fosse mais prolongado porque se considerava que já haveria tempo e ocasião de conseguir, ao longo da vida, o necessário desenvolvimento da vocação religiosa, no seio tranqüilo da comunidade que acolhia os candidatos. Contudo, com a posteridade do Concílio de Trento, as congregações nascidas da Contra-Reforma viram-se na necessidade de exigir de seus candidatos uma preparação muito mais intensa e completa. Os religiosos pertencentes a estes institutos dedicavam-se ao trabalho apostólico e, logicamente, antes de empreender este apostolado, necessitavam ter concluído sua formação. Este novo modo de ser religioso na Igreja e esta mudança de mentalidade a partir de Trento é um elemento importante de se ter em conta para entender o grau de forte institucionalização que experimentam o conceito e a mentalidade de noviciado[7].

Uma vez institucionalizado o noviciado, assiste-se a um progressivo aperfeiçoamento de sua estrutura jurídica. Vou indicar,

---

[7] Cf. DOMEÑO, C. "Objetivos educacionales en los noviciados del postconcilio", em *Confer* 16 (1977), p. 90.

em seguida, os pontos que vão marcando a estabilidade e aperfeiçoamento desta instituição[8].

Foi Sisto V quem determinou que a admissão dos candidatos fosse competência do Capítulo Geral ou Provincial (*Cum de omnibus*, 26-XI-1587) e deixou estabelecidas, ao mesmo tempo, precisas disposições para aquelas famílias religiosas nas quais não se celebrava anualmente o capítulo (*Ad Romanum spectat*, 21-X-1588). O Pontífice cessou a passagem do nefasto costume que se havia introduzido de admitir alguns delinqüentes que se refugiavam na vida religiosa para escapar assim das penas devido a seus delitos. Ordenou, pois, que não se admitisse na vida religiosa os delinqüentes. Idêntica medida adotou a respeito dos filhos ilegítimos. Dispôs que toda admissão precedesse de um cuidadoso informe e investigação sobre a origem, os costumes e as andanças dos aspirantes, de maneira que se pudesse afastar toda possível suspeita concernente a sua vida passada. Estas disposições do Sumo Pontífice traziam não somente a força da autoridade de quem emanavam, mas também a força da persuasão devido às severas penas que as acompanhavam e que podiam cair sobre aqueles que contrariassem o cumprimento das mesmas que condicionavam nada menos que a validade do próprio noviciado e da profissão que, eventualmente, chegasse a se realizar.

Não obstante, o mesmo Sumo Pontífice, Sisto V, viu-se na precisão de ter de retratar-se e desistir de sua atitude severa não muito tempo depois, sendo mais condescendente e compreensivo com aqueles que, por qualquer circunstância de sua vida passada, não tinham os papéis em dia. Os tempos nos quais viviam eram maus e a vida religiosa de então não podia permitir o luxo de ser demasiado estrito e rigoroso com certas pessoas que

---

[8] Cf. BONI, A. *op. cit.*, p. 453ss.

batiam em suas portas, exigindo deles requisitos tais não levando em consideração as circunstâncias.

O impedimento relativo aos filhos ilegítimos seria abolido posteriormente pelo sumo Pontífice Gregório XIV (Constituição *Circumspecta,* 5-III-1591).

O Papa Clemente VIII levou a cabo a tarefa de configurar a instituição do noviciado, dando-lhes alguns traços que lhe conferiram uma fisionomia peculiar, uma vez que chegou a precisar detalhes realmente mínimos. Em alguns pontos deu demonstração de um centralismo exagerado. Estabeleceu, em concreto, que a casa de noviciado fosse autorizada pela própria Santa Sé, sob pena de nulidade (*Regularis disciplinae,* 12-III-1596). Em princípio, esta disciplina afetava exclusivamente a Itália e ilhas próximas. Depois exigiu-se inclusive que os candidatos fossem aprovados nominalmente pela Santa Sé, ou por seus respectivos ordinários (Decreto *Sanctissimus in Christo Pater,* da SC para a Reforma Apostólica, 19-III-1602). No ano seguinte o Papa Clemente VIII estendeu esta norma para toda a Igreja (*Cum ad regularem,* 19-III-1603). Desta maneira ficava controlado o ingresso dos noviços nos mosteiros — aos quais a Santa Sé fixava um *número limitado* (*numerus clausus*) — e, se fosse o caso, proibia a admissão de novos candidatos quando os mosteiros não se submetiam às prescrições do Papa. Idêntica proibição caía sobre aqueles mosteiros nos quais foram cometidos abusos contra a disciplina regular.

Na Constituição *Cum ad regularem* o Papa ditava detalhes curiosos sobre a localização do noviciado e outros pormenores. A casa de noviciado devia gozar de uma autonomia relativa e estar convenientemente separada do mosteiro, isto é, separada do lugar onde viviam os religiosos. Tinha sua própria clausura e dispunha de espaço suficiente e adequado para o funcionamento do noviciado. A casa de noviciado devia constar de diversas salas ou aposentos: um número suficiente de celas ou então de um dormitório comum; uma capela ou oratório; uma sala de conferências; um salão com lareira ou braseiro, e não devia faltar nunca um espaço ao ar livre — horta ou jardim —, convenientemente cercado ao qual teriam acesso unicamente os noviços durante as horas de recreação. Os relacionamentos com os religiosos professos limitavam-se àqueles contatos previstos, como a oração comum no coro, às refeições no refeitório do mosteiro e outros encontros por ocasião de algumas celebrações litúrgicas.

Os noviços eram entregues ao mestre, sob a autoridade do superior local. Nenhuma pessoa alheia ao noviciado podia entrar naquele recinto, exceção feita a do superior, que efetuava visitas periódicas acompanhado por algum venerável religioso pertencente à comunidade. O mestre tinha a obrigação de levar sempre consigo a chave da casa de noviciado, embora pudesse confiar o cuidado da portaria a algum noviço digno de tal responsabilidade que, por sua vez, se encarregaria de atender a outros assuntos de menor importância dentro do âmbito do próprio noviciado.

A clausura era rigorosa. Se algum noviço, eventualmente, se visse em necessidade de falar com alguém, faria isso na presença do mestre. Este era habitualmente o confessor, e também podia ser o superior, embora somente excepcionalmente, isto é, não mais de uma ou duas vezes ao ano.

Conforme a constituição *Cum ad regularem*, a piedade cultivada no noviciado devia ajustar-se às seguintes práticas: oração mental duas vezes ao dia; oração vocal, realizada em conformidade com a capacidade de cada um e, em todo caso, seguindo sempre as prescrições do mestre; exame de consciência em diversos momentos do dia; assistir diaria-mente a celebração da missa e freqüentar o coro nas horas marcadas do dia ou da noite para a reza ou a recitação do ofício divino.

Outras atividades que completavam o dia no noviciado eram as relativas ao trabalho manual e ao trabalho intelectual: desempenho de algumas tarefas domésticas ou ocupação em leituras e exercícios por escritos de temas espirituais.

Fora das cercas do noviciado não se podia sair, como para dar um passeio, o que costumava acontecer uma vez por semana ou, ao menos a cada duas semanas, sempre em grupo, acompanhados pelo mestre ou seu auxiliar, e indo passear por lugares solitários.

A sensação que se tem ao contemplar hoje em dia, conforme nossa mentalidade, estes costumes ou normas, é de que existia uma excessiva desconfiança no uso da liberdade dos noviços. Por isso exageravam nas precauções e vigilâncias. Quando os noviços iam a passeio, o mestre ou o auxiliar prestavam especial atenção a todo o grupo, tendo particular cuidado de que nenhum se afastasse dos demais e cuidando que não se formassem pares. Estava mandado a manter essa vigilância, no intento de captar as reações e as atitudes dos noviços em tais ocasiões de distração e de passeio fora do mosteiro.

Com a citada constituição clementina temos, pois, um conjunto de traços curiosos, e até pitorescos, do que era um noviciado no período pós-tridentino, época a qual devemos muito dos elementos que configuram atualmente a instituição do noviciado.

4. Evolução posterior do noviciado e codificação de sua doutrina

São já escassas as novidades dignas de nota em relação com o noviciado nos últimos séculos. Começo recordando uma intervenção da Igreja, mas que incide indiretamente somente na instituição do noviciado. A Santa Sé procurou regular de alguma maneira o tráfico de vocações que vinha acontecendo entre algumas instituições eclesiais e outras. Por isso ordenou que os alunos pertencentes aos colégios dependentes da SC da Propaganda da Fé, fundada por Urbano VIII, fizessem o juramento de consagrar sua atividade sacerdotal às obras das missões. Sem dispensa desse juramento não podiam, portanto, ser admitidos validamente no noviciado nem na profissão em nenhum instituto religioso.

20

Outras referências, que têm relação mais direta e expressa com o noviciado, são as contidas em dois decretos emanados pela Santa Sé: o *Regulari disciplinae*, em meados do século XIX[9] e o *Ecclesia Christi*, já do século XX[10]. No decreto *Regulari disciplinae* insistia-se na necessidade de se exigir um maior cuidado e diligência na hora de admitir os candidatos ao noviciado. Para este fim a Santa Sé estabelecia que, concretamente na Itália e ilhas vizinhas, obtivessem-se insistentemente informações acerca dos candidatos através de averiguações: uma, dirigida às autoridades competentes e, outras a determinadas pessoas. Com efeito, as informações deviam proceder, dizia-se, não somente das autoridades eclesiásticas e religiosas, mas também de outros religiosos particulares, que sobressaíam por sua observância, por sua comprovada virtude e, sobretudo, por seu prudente juízo. Sábia disposição e de perene atualidade. Não se pode proceder na admissão dos candidatos ao noviciado contando somente com a opinião, geralmente bem intencionada, daqueles que apresentam os candidatos como que de maneira oficial. Deve-se ponderar também a avaliação de outras pessoas, cujo conhecimento dos mesmos partindo de outras perspectivas pode tornar-se esclarecedor.

O outro decreto aludido, o *Ecclesia Christi*, do início do século XX, enfrentava o fenômeno do *transfugismo* suspeitoso, isto é, a passagem de certos sujeitos pouco recomendáveis de um centro ou instituição para outros. A SC dos Religiosos proibia com este decreto, sob pena da profissão ser nula, que se admitisse no noviciado aqueles indivíduos que tivessem sido expulsos de outros centros educativos, tanto se estes tivessem sido rejeitados pela Igreja ou por algum instituto religioso como se tratasse de colégios lei-

---

[9] Decreto *Regulari disciplinae*, da SC Super statu Regularium, de 25-I-1848.
[10] Decreto *Ecclesia Christi*, da SC de Religiosis, de 7-IX- 1909.

gos, sempre que a expulsão se devera a determinados *crimes*, isto é, faltas verdadeiramente graves ou hábitos desonestos. Além disso, excluíam-se automaticamente da admissão no noviciado aqueles que tivessem sido mandados embora de algum seminário ou casa religiosa por qualquer causa. Excluíam-se também aqueles que já tivessem sido noviços ou professos, tanto na própria família religiosa como em qualquer outra, salvo naqueles casos para os quais se tivesse obtido a competente autorização da Santa Sé. Em todos esses casos detalhados, pois, proibia-se a admissão de tais candidatos. Se, contrariamente a tal norma, fossem admitidos e emitissem os votos religiosos, incorriam na pena apontada, isto é, a profissão seria nula.

E, assim, já chegamos ao ano de 1917. O *Código de Direito Canônico*, publicado nesse ano, ajuntou a doutrina tradicional acerca do noviciado, elaborando-a de forma sistemática. O capítulo referente ao noviciado (cc. 542-571) fora estruturado em dois artigos, o primeiro dos quais apresentava o elenco de requisitos necessários para que os candidatos pudessem ser admitidos, e o segundo referia-se à formação dos noviços.

No artigo referente aos *requisitos* o *Código* fazia um elenco detalhado das condições exigidas para a admissão válida no noviciado, assim como aquelas necessárias para sua liceidade (c. 542). Estabelecia-se que seriam *invalidamente admitidos* no noviciado: aqueles que tivessem aderido a alguma seita acatólica, os que não tivessem a idade exigida; aqueles que tivessem entrado ou foram admitidos na vida religiosa tendo havido violência, medo grave ou engano; aqueles que foram casados, vivendo ainda o outro cônjuge; aqueles que estiveram sob ameaça de alguma pena devida a algum delito grave; quem fosse bispo; aqueles clérigos comprometidos a prestar determinados serviços por disposição da Santa Sé — ao menos durante o tempo no qual durasse sua obrigação —, e aqueles que estivessem ligados pelo vínculo da profissão religiosa.

A admissão no noviciado, ao contrário, seria *válida* embora *ilícita*, nos seguintes casos: quando um clérigo ingressasse na vida religiosa sem ter consultado previamente seu ordinário, ou no caso de que este se tivesse oposto a isso por justas razões; quando os candidatos tivessem dívidas e não as pudessem saldar; quando houvesse outras obrigações para as quais o instituto religioso tivesse de suportar demandas e perturbações; no caso de haver grave necessidade de socorrer ou dar assistência a algum familiar próximo (pais, avós, filhos); quando existisse algum impedimento canônico ou irregularidade que afetasse aqueles candidatos aspirantes também ao sacerdócio; por último, no caso de aspirantes orientais para um instituto de rito latino, se não fosse solicitada da Sagrada Congregação para a Igreja Oriental a correspondente licença.

O *Código* marcava também quem era a autoridade competente para a admissão no noviciado, isto é, o superior maior (c. 543); exigia para a mesma a apresentação dos correspondentes certificados e letras testemunhais ou informações acerca dos candidatos, expedidas por aquelas pessoas as quais competia, realizando estas diligências com a conveniente prudência e veracidade. Todo esse trabalho de investigação deveria ser executado com toda a garantia do segredo (cc. 544-546).

As diversas questões relacionadas com o dote, no caso das postulantes ou noviças ingressas nos mosteiros femininos, são abordadas num conjunto de cinco cânones (cc. 547-551).

No artigo referente à formação dos noviços detalhavam-se os pontos relativos a outras tantas questões de ordem jurídica, disciplinar e espiritual, como os seguintes: o começo do noviciado, que podia fazer-se com a tomada de hábito ou de outro modo (c. 553); a constituição da casa de noviciado que devia ser erigida conforme as constituições, com a licença da Santa Sé, e para a qual só podiam ser destinados religiosos que fossem exemplares (c. 554).

Acrescentavam-se outros requisitos para a validade do noviciado: que os candidatos tivessem completado já quinze anos, que o noviciado tivesse a duração mínima de um ano inteiro e contínuo e que fosse feito na mesma casa (c. 555).

Eram considerados, do mesmo modo, os casos de interrupção do noviciado por ausência, justificada ou não, e se detalhava em qual oportunidade caberia ou, inclusive, deveria proceder-se a suplência dos dias perdidos e no qual, ao contrário, a suplência não seria possível uma vez que o noviciado ficava inválido e, se por acaso poderia ser reiniciado. Isto ocorria quando a ausência do noviciado ultrapassava trinta dias contínuos ou com intervalos (c. 556). Outro cânon falava do hábito que deveriam vestir os noviços, em conformidade com o que prescreviam as constituições (c. 557).

Para a formação dos noviços ficava taxativamente assinalado que se nomeasse um mestre cuja idade não fosse inferior a trinta e cinco anos, e que tivesse pelo menos dez anos de profissão. Exigia-se do mestre que sobressaísse em uma série de virtudes, como a prudência, a caridade, a piedade e a observância religiosa. Podia ter um sócio que o ajudasse na formação e que estivesse dotado de qualidades parecidas àquelas que eram pedidas para o mestre. A importância que se dava a estes cargos percebe-se da advertência referente à obrigação de que ambos, sócio e mestre, estivessem livres de outros cargos ou tarefas que pudessem impedir sua dedicação ao noviciado (c. 559).

O *Código* apontava também para as questões relativas à escolha do mestre e de seu sócio (c. 560), para a competência exclusiva do mestre quanto a formação dos noviços (c. 560) e para a sua grave obrigação de se esforçar por conseguir que os noviços se exercitassem diligentemente na disciplina religiosa (c. 562). Oportunamente, o mestre deveria apresentar a seus superiores uma informação acerca da caminhada de cada um dos noviços (c. 563).

Quanto à localização do noviciado, a preferência manifestada pela legislação eclesial era que, enquanto fosse possível, estivesse separada do resto da casa onde habitassem os professos e que se assegurasse a conveniente incomunicação entre os noviços e os professos, salvo em casos especiais e com a devida licença (c. 564, 1). Para os noviços *leigos*, chamados também *conversos*, era-lhes marcado um lugar separado (c. 564, 2), e exigia-se que, além da formação comum a todos os noviços, fossem instruídos na doutrina cristã por meio, ao menos, de uma conferência especial uma vez por semana (c. 565, 2).

A formação, sob a direção do mestre, estava orientada para que se forjasse bem o espírito dos noviços mediante o estudo das regras e das constituições se conseguisse a devida aprendizagem do conteúdo dos votos e da vida espiritual, se conseguisse a extirpação radical dos vícios, se alcançasse o domínio dos impulsos interiores, se adquirissem as virtudes e se introduzisse os noviços nas práticas piedosas da meditação e da oração assídua (c. 565, 1). Estas eram as atividades principais nas quais os noviços deveriam empregar suas energias com afinco, não podendo dedicar-se a outras coisas, como o estudo de ciências profanas ou outras atividades, inclusive as próprias do ministério apostólico, embora os noviços *leigos* pudessem dedicar-se também a alguns trabalhos ou ofícios, contanto que esses não lhes impedissem a consecução dos objetivos formativos e sua participação nos atos próprios do noviciado (c. 565, 3).

Em matéria concernente à prática da confissão sacramental, estabeleciam algumas disposições referentes, em concreto, ao confessor, tanto ao ordinário como ao extraordinário, e mandava que se designassem alguns outros confessores, aos quais pudessem recorrer livremente os noviços em casos particulares; a este respeito, ao mestre recomendava-se circunspecção para não expressar o possível desagrado que estas exceções pudessem supor (c. 566).

O *Código* abordava também assuntos de diversa índole, espiritual e temporal: por exemplo, equiparava os noviços aos professos na hora de poder gozar dos mesmos privilégios e graças espirituais, incluindo os mesmos sufrágios se morressem antes de professar (c. 567, 1). E quanto aos assuntos de índole temporal, proibia aos noviços a renúncia a seus bens durante o decurso do noviciado (c. 568); prescrevia, ao contrário, a disposição da administração dos bens, o uso e usufruto dos mesmos antes da profissão, assim como o testamento (c. 569), e detalhava como não se podia exigir nenhum tipo de compensação econômica, a não ser que existisse algum acordo em virtude do qual houvesse estipulado expressamente o contrário (c. 570, 1).

Finalmente o cânon 571 assegurava com firmeza a liberdade dos noviços para abandonar a vida religiosa e, por sua vez, reconhecia o poder dos legítimos superiores para despedi-los por justa causa. Uma vez concluído o noviciado, emitia-se a profissão religiosa, precedida de oito dias de exercícios espirituais, sempre que fosse comprovada a idoneidade dos noviços. Em caso de dúvida acerca de tal idoneidade, poderia prolongar-se o tempo de provação, mas nunca mais de seis meses.

Esse conjunto de cânones tiveram vigência desde o ano de 1917 até que os ares renovadores dos anos pós-conciliares suprimissem, mediante derrogações, algumas leis e trouxessem algumas inovações, de forma provisional, ao princípio e depois de forma definitiva, com a promulgação do novo *Código* no ano de 1983.

5. O noviciado na etapa da renovação pós-conciliar

O *Código de Direito Canônico* de 1917 foi tornando-se obsoleto com o passar do tempo em determinados aspectos, e também em pontos referentes ao noviciado. O Concílio Vaticano II (1962-1965), com seu impulso renovador, abriu novos horizontes na vida da Igreja. Reinterpretou os valores da vida religiosa e preparou o caminho do *aggiornamento* (renovação), propiciando aquelas mudanças que a sensibilidade dos novos tempos vinham exigindo imperiosamente[11].

A Sagrada Congregação para os religiosos e para os institutos seculares, percebendo essa sensibilidade detectada em grande parte das famílias religiosas, publicou a instrução *Renovationis Cau-*

---

[11] Cf. Concílio Vaticano II, *Perfectae caritatis*, 3.

sam (6-I-1969), com a qual ultrapassou a passagem de algumas dificuldades, suavizando o rigor de algumas leis canônicas e dando outras orientações que pudessem guiar — com caráter provisional até que chegasse a prevista promulgação do novo *CDC* — as necessárias experiências que deviam realizar-se[12]. A configuração do noviciado parecia, assim, ser convocada a transformar-se e a apresentar uma nova face que teria uma estreita relação com a *veneranda instituição* dos tempos passados[13].

A instrução *Renovationis Causam*, ao definir novamente os valores fundamentais da vida religiosa, vinha completar a consagração dos religiosos partindo de uma perspectiva mais teológica que estritamente jurídica; admitia a possibilidade de uma consagração, ao fim do noviciado, não expressa com votos, mas *com outros vínculos sagrados*, enquanto que reservava *os votos*, nesse caso, à profissão perpétua[14]. (Curiosamente esta possibilidade seria eliminada posteriormente com a publicação do novo *CDC*.)

Não eram somente razões teológicas aquelas que sustentavam essa doutrina, mas também havia a consideração da situação na qual se encontravam muitos jovens noviços, cuja maturidade humana e espiritual eram julgadas insuficientes. No fundo, o que ocorria era uma inadequação entre o proposto pelo sistema — valha a expressão — e os sujeitos concretos. A deficiência não era atribuível, em muitos casos, aos formadores, que faziam o que

---

[12] SAGRADA CONGREGAÇÃO PARA OS RELIGIOSOS E INSTITUTOS SECULARES. *Instrucción sobre la renovación acomodada para la vida religiosa (Renovationis Causam) (RC).* Roma, 6-1-1969: *AAS,* 61 (1969), p.103-120; cf. introdução.

[13] Cf. RAVASI, L. "Verso un nuovo noviziato?", em Vita consecrata 5 (1969), p. 237-259. Com o passar dos anos foi-se constantando, efetivamente, como o noviciado mudava de rosto: cf. A. DALL'OSTO, "Nuova fisionomia del noviziato", em *Testimoni 12* (1985), p. 4-5.

[14] Cf. ALDAY, J. M. "Noviciado", em APARICIO, Á. e CANALS, J. (dir.). *DiccionarioTeológico de la Vida Consagrada (DTVC).* Madrid, Publicaciones Claretianas (PCI), 1989, p. 1158-1159.

estava ao seu alcance, mas ao sistema, à estrutura. Isto quer dizer que a falha estava em pretender aquilo que não era possível: que os noviços quase adolescentes pudessem assimilar a vida religiosa e comprometer-se publicamente a abraçar um estado de vida sem ter ainda uma suficiente maturidade humana e social[15].

Contudo, a renovação dos meios ou formas de realização prometedoras pela instrução — por exemplo, a mudança dos *votos* por outros *vínculos sagrados* — não significava a mudança da substância mesma da profissão religiosa, nem a diminuição de suas exigências. *Renovationis Causam* explicava que não havia tais reduções quanto ao nível de exigência, porque dizia: "os jovens chamados por Deus ao estado religioso não desejam outra coisa, antes pelo contrário, anelam viver esta vocação na totalidade de suas exigências"[16].

A instrução não proporcionava, portanto, um noviciado e uma vida religiosa *light*, mas procurava uma adequada renovação que tivesse em conta, isso sim, as circunstâncias, a complexidade das situações, a diversidade dos institutos e de suas obras, a variedade de lugares e a rapidez constante nas mudanças do mundo moderno... A instrução pretendia, pois, uma melhor adaptação da formação — do conjunto do ciclo formativo — à mentalidade das novas gerações, às condições da vida moderna e às exigências do apostolado nesse momento, conservando sempre a fidelidade ao espírito e ao fim próprio de cada instituto[17]. Justamente a mentalidade das novas gerações vinha exigindo uma maior atenção para as circunstâncias pessoais de cada formando, isto é, postulava uma formação feita como na medida da condição individual de cada um dos noviços. Reclamava, em resumo, uma formação personalizada[18].

---

[15] Cf. Martínez, M. "Los objetivos del noviciado", em *Confer* 12 (1973), p. 329.

[16] *RC*, 2.

[17] Cf. *RC,* introdução.

[18] Cf. Armengol, J. "Orientaciones para la formación personalizada de los novicios", em *Claretianum* 13 (1973) p. 297-342.

A instrução mitigava, assim, a legislação canônica anterior e admitia, com esse espírito de abertura pós-conciliar, grandes flexibilidades em vários pontos concretos, como o relativo à possibilidade de que os noviços transcorressem certo período do noviciado em outra casa, expressamente designada para isso, ou a possibilidade de realizar algumas atividades formativas durante o tempo de noviciado fora da casa etc.

Transcrevo em seguida uma lista das inovações introduzidas por ocasião da *Renovationis Causam*, com o fim de ter uma rápida compreensão do espírito progressista, e que por sua vez ponderado, tinha a instrução emanada da Santa Sé. O elenco é de Sabino Alonso[19]:

— Conveniência de exigir idade superior aos quinze anos para a admissão no noviciado (n. 4).
— Poder substituir os votos temporais por outros vínculos (n. 7 e 34).
— Poder permitir, uma vez terminado o prazo dos votos ou dos vínculos temporários, voltar à vida secular com a esperança da readmissão (n. 8).
— Especial preparação para a profissão perpétua (n. 9).
— Estabelecer uma provação prévia no noviciado, equivalente ao postulantado (n. 12, II).
— Não se precisa da licença da Santa Sé para a ereção do noviciado, ou de vários na mesma província, ou para que um noviço possa fazer seu noviciado em uma outra casa (n. 16-19).
— Permite-se fazer a primeira profissão fora da casa de noviciado (n. 20).
— As ausências da casa de noviciado inferiores aos três meses não invalidam o noviciado (n. 22, II).
— Atividades formativas fora da casa de noviciado (n. 23, I).
— A duração total do noviciado não pode exceder dois anos (n. 24, I.)
— Pode-se permitir antecipar a primeira profissão até quinze dias (n. 26).
— O noviciado feito para uma classe pode valer para a outra (n. 27).

---

[19] ALONSO, S. "Comentario a la RC", em MIGUELEZ, L., ALONSO S. e CABREROS, M. (dir.). *Derecho Canónico Posconciliar.* Madrid (6), BAC 7b, 19778, p. 399, nota 3.

— Pode-se permitir aos noviços alguma convivência com os outros membros da comunidade (n. 28).

— Estudos durante o noviciado (n. 29, I).

— Determinar o hábito dos noviços e postulantes pelo capítulo geral (n. 33).

— Duração máxima e mínima da profissão temporária (n. 37, I).

— O Superior Geral pode readmitir aquele que deixara legitimamente o instituto antes da profissão perpétua.

Em vista dessas inovações, entende-se como a instrução desencadeia de fato uma verdadeira revolução na instituição do noviciado. Mas como *Renovationis Causam* tinha caráter provisório (*ad experimentum*) a promulgação do *Código de Direito Canônico* em 1983 colocaria ponto final a essa série de experiências, assumindo em seus cânones muitas das inovações, abolindo algumas outras e modificando outros detalhes da legislação precedente.

Até aqui o estudo do noviciado no passado, isto é, sua história. Este perpassar retrospectivo para o que foi em outros tempos a instituição do noviciado não foi um esforço inútil olhar para aquilo que já não mais existe. A atual configuração do noviciado deve muitos de seus traços peculiares ao seu passado histórico. Podemos agora penetrar no presente com mais segurança.

A fisionomia do noviciado em nosso tempo, em uniformidade com a legislação vigente atualmente na Igreja, será objeto de consideração nas seguintes páginas.

II

O NOVICIADO NA ATUALIDADE
(SEGUNDO A LEGISLAÇÃO ECLESIAL VIGENTE)

A legislação vigente na Igreja vai indicar-nos como é o noviciado na atualidade. Como deve ser. Da história passamos ao presente. O capítulo pode tornar-se um tanto árido. Aviso para prevenir diante da avalanche canônica que se aproxima.

1. O noviciado conforme a legislação vigente na Igreja

Encontramos a doutrina eclesial atual acerca do noviciado no *Código de Direito Canônico (CDC)* de 1983 e também em várias intervenções da Congregação para os Institutos de Vida Consagrada e das Sociedades da vida Apostólica: sob o título *Potissimum Institutioni (PI)*, este Discatério publicou, no ano de 1990, algumas orientações sobre a formação nos institutos de vida consagrada, em geral, e sobre a formação no noviciado, em particular. Assim também, em 1998 publicou outro documento sobre *A colaboração entre institutos para a formação*, no qual também faz referência ao noviciado.

Com a apresentação desses documentos pretendo completar tudo o que foi dito no capítulo anterior acerca do noviciado no decurso dos séculos. Trazendo a colocação, como considero que seja útil, as mais recentes intervenções do magistério da Igreja

31

em relação com o noviciado, não somente oferecerá uma idéia a mais aproximada possível daquilo que é esta instituição hoje em dia, em continuidade com a tradição, mas que estarei recordando, além disso, uma normativa universal que é o ponto de referência obrigatório para todos os institutos religiosos. O *Código* não parte do zero. A experiência dos séculos passados estava aí, e contou para sua redação, além disso, com a existência do *Código* anterior de 1917[1] e com as orientações e o conseguinte passar dos anos posteriores à *Renovationis Causam*. Vou contar, o que diz sobre o noviciado o *Código* de 1983, vigente atualmente, e farei isso com a maior concisão possível, introduzindo algum breve comentário de caráter preferentemente pedagógico, destacando somente aqueles elementos que signifiquem novidade ou interesse. Em todo caso, a apresentação deste capítulo é deliberadamente sintética.

1.1. Como o CDC define o noviciado e que finalidade lhe atribui

O noviciado é definido pelo *CDC* (c. 646) como *início* da vida num instituto. O noviciado é, com efeito, o início ou o começo da vida num instituto, tanto do ponto de vista cronológico como do ponto de vista educativo, uma vez que é no seio da família religiosa concreta na qual ingressam os candidatos e na qual se educam e se formam progressivamente, conforme o carisma peculiar do instituto.

A *finalidade* que o *CDC* assinala ao noviciado ou os fins que lhe reconhece, chamados freqüentemente também *objetivos*, são os seguintes:

---

[1] Julgo útil e breve a comparação entre ambos *Códigos* que E. GAMABARI, oferece, *Il Noviziato nel nuovo Codice*. Roma, Rogate, 1985, p. 69-72.

— conhecimento mais pleno da vocação divina (supostamente o chamado inicial e a presunção prudente, tanto por parte da pessoa como do instituto, de que existe este chamado);

— experiência ou prova da vida do instituto (já não somente teoricamente mas na práxis cotidiana);

— confirmação da mente e do coração com esse espírito (chegar a se identificar, pelo conhecimento e sintonia cordial, com o carisma do fundador e o espírito vivido pelo instituto com o passar do tempo);

— comprovação das motivações e da idoneidade dos noviços (ver quais as razões exatas que animam o ser religioso e a capacidade real para esta vida).

1.2. Quem pode admitir no noviciado e quais qualidades deve exigir dos candidatos

O *Direito* de admissão no noviciado compete exclusivamente aos superiores maiores (c. 641). Não há dúvida. O órgão do governo competente para exercer o *Direito* de admissão é claramente o superior maior, não o superior local, nem o mestre nem os conselhos ou capítulos etc.; somente o superior maior[2].

Pois bem, o superior maior não poderá admitir caprichosamente os candidatos que desejam ingressar no noviciado, mas terá de examinar escrupulosamente e ver se apresentam aquelas condições ou qualidades pessoais que o próprio *Direito* exige e que são as seguintes conforme indica o cânon 642:

---

[2] Em conformidade com o cânon 620, são *superiores maiores* "aqueles que governam todo o instituto, uma província ou outra parte equiparada à mesma, ou uma casa independente, assim como seus vigários. Também o abade primaz e o superior de uma congregação monástica (...)".

— *Idade suficiente*: isto é, ter completado pelo menos dezesseis anos (c. 643, 1.1°). Os institutos poderão exigir uma idade superior àquela determinada pelo *Direito* se considerar conveniente, assim como poderão estabelecer um limite máximo de idade, acima do qual ninguém pode ser admitido.

— *Saúde*: pode-se entender que não se está exigindo uma saúde excepcional; compreende-se do mesmo modo que não consiste somente na ausência de enfermidades, sem mais, mas que se requer um estado subjetivo de bem-estar geral e integral da pessoa, em suas dimensões física, espiritual, psíquica, social, familiar etc.[3]

— *Caráter condizente*: isto é, deve-se verificar se os candidatos mostram uma índole religiosa, com alguma base temperamental que favoreça o impulso religioso; se são equilibrados, se dominam bem suas próprias tendências (particularmente o egoísmo); se apresentam uma normalidade psíquica e mental, etc.[4]

— *Maturidade*: tanto no campo humano como no religioso se requer a presença de alguns sinais de maturidade, tendo-se em conta a idade e outras circunstâncias dos candidatos e percebendo neles suficiente capacidade real para progredir na consecução de uma maturidade mais plena.

— *Aptidão para a vida do instituto*: tenha-se em conta que as qualidades exigidas aos candidatos não devem ser julgadas em abstrato, mas em relação com o estilo de vida próprio do instituto concreto em cujas portas eles batem.

Com referência a um acertado exame dessas qualidades ou condições não se requer, normalmente, outra intervenção além

---

[3] Cf. ANDRÉS, D. J. *El Derecho de los religiosos. Comentario ao Código.* Fuenlabrada (Madrid), PCI e Commentarium pro religiosis, 1983, p. 259.

[4] Cf. ANDRÉS, D. J. op. cit., p. 261.

daquelas pessoas que conhecem bem os candidatos, e em cuja avaliação deve-se confiar, uma vez que elas são as que contêm a primeira palavra — não a definitiva, certamente — por terem sido as primeiras consultadas ou, inclusive, convivido com os aspirantes por um tempo supostamente prolongado.

Pois bem, se considerar-se conveniente recorrer também à colaboração de outros peritos, cuja competência profissional e garantia deontológica os tornem recomendáveis, deve-se proceder com cautela, deixando sempre a salvo sua liberdade e o *Direito* pessoal do candidato e a defesa de sua própria intimidade e de sua consciência, como estabelece o próprio *Direito* (c. 220)[5].

1.3. Que obstáculos opõem-se à admissão (os impedimentos)

O atual *CDC*, ao falar dos impedimentos ou obstáculos que impedem ou criam obstáculo à admissão no noviciado (c. 643), apresenta algumas novidades a respeito da doutrina equivalente a do anterior *Código* (*CDC* de 1917, c. 542). Fala, com efeito, unicamente daqueles impedimentos que têm caráter de *invalidez*, passando por alto os referentes à liceidade e suprimindo alguns que incluía o antigo *CDC*, como, por exemplo, o de estar vinculado anteriormente pela profissão religiosa (que já não invalida) e modificando o da idade requerida (aumentado agora em dois anos).

Vejamos, pois, o elenco desses *impedimentos*:

— não haver cumprido ainda os dezessete anos (hoje em dia, parece-nos mais evidente que antes dessa idade não é possível exigir uma maturidade como a que se requer para iniciar a experiência do noviciado);
— o cônjuge, enquanto perdura o matrimônio (ninguém pode ser admitido validamente no noviciado enquanto

---

[5] Cf. ANDRÉS, D. J. op. cit., p. 264.

perdura o vínculo matrimonial, em qualquer de suas formas, nem sequer no caso de haver o consentimento por parte de outro cônjuge);

— quem for professo — nesse mesmo tempo — em algum instituto, seja religioso ou pertencente a algum instituto secular, ou quem estiver incorporado a alguma sociedade de vida apostólica. (Contudo, a passagem ou trânsito de professo ou membro de alguma sociedade de vida apostólica a outro instituto religioso poderá fazer-se conforme a forma que prevê o cânon 684.);

— quem ingressou num instituto induzido por violência, medo ou dolo, ou aquele a quem o superior admitira em idênticas circunstâncias. Deve tratar-se de violência extrínseca, sofrida seja no foro externo, seja no foro interno, insuperável de forma absoluta e objetiva. O *medo* deve ser grave, extrínseco e injusto e que produza ou cause, efetivamente, falta de liberdade. O *dolo* deve ser substancial, isto é, deve tratar-se de um engano sério, que afete a substância do ato que se executa[6];

— quem tivesse ocultado sua anterior incorporação a um instituto de vida consagrada ou a uma sociedade de vida apostólica. Se se tratar de um doloso encobrimento da pertença a tais institutos ou sociedades na vida passada, e sempre que se houver pertencido a esses institutos por ter chegado a emitir neles já a profissão[7].

Percebe-se facilmente a intenção que há por detrás desse impedimento: evitar a entrada de sujeitos pouco recomendáveis que podiam

---

[6] Cf. Andrés, D. J. op. cit., p. 270-271.

[7] Não afeta, portanto, aqueles que foram apenas postulantes ou noviços, nem aqueles que estiveram incorporados à vida anacorética ou à ordem das virgens, nem aqueles que foram seminaristas diocesanos ou pertenceram ao clero secular; cf. D. J. Andrés, *op. cit.*, p. 272.

sair ou ser expulsos de outros institutos. E, em todo caso, percebe-se a conveniência da transparência e franqueza absoluta, inclusive tratando-se de pessoas que somente estiveram no noviciado, no postulantado e em outros centros de acolhida vocacional equiparáveis a seminários, como já prevê a própria legislação eclesial (c. 645).

À série de impedimentos apontados pelo cânon 643 podem ser acrescentados outros impedimentos que cheguem a afetar inclusive a validade da admissão, e outras condições. Basta que os institutos os estabeleçam em sua legislação particular. Mas, entende-se, os novos impedimentos e condições acrescentados deverão ser poucos e inspirar-se nas exigências mais fundamentais do próprio carisma e do fim do instituto.

Aqueles que estiverem livres de todos esses impedimentos poderão ser admitidos validamente no noviciado; isso se, tendo presente também o que diz o cânon 597, 1 (equivalente substancialmente ao cânon 597 do antigo *CDC*); a exigência de ser católico, ter reta intenção e possuir as qualidades requeridas pelo *Direito* universal e por ele próprio.

Sem chegar a constituir obstáculo que invalide, há, contudo, outras maneiras de proceder na admissão no noviciado que são, do mesmo modo detestáveis e, por isso a Igreja quer que se proceda como é devido. Cita-se o caso de admissão para clérigos regulares sem haver consultado o ordinário próprio dos mesmos e o da admissão de devedores insolventes (c. 644). A consulta ao ordinário, no primeiro caso citado, tanto por parte do clérigo que solicita o ingresso como por parte do superior, parece absolutamente normal, conveniente e de elementar prudência humana. A proibição de admitir os devedores insolventes, no segundo dos casos citados, deverá entender-se daquelas pessoas nas quais se dá a insolvência absoluta e que se trate de uma dívida contraída em estrita justiça, que seja certa e atual ou do momento presente[8].

---

[8] Cf. ANDRÉS, D. J. op. cit., p. 276-277.

2. Às voltas com os papéis e outras exigências canônicas

2.1. Certificados e informações

O cânon 645 prescreve a obrigação de que se apresentem, antes de proceder a admissão no noviciado, determinados testemunhos, tais como os atestados de batismo, crisma e de estado livre. Exige também a apresentação de algumas informações. Compete apresentar tais informações o responsável principal dos aspirantes que tenham sido clérigos, noviços em outros institutos de vida consagrada ou seminaristas. É competência obrigatória, pois, do responsável principal — o ordinário, o superior maior, o reitor ou quem quer que seja — dar tais informações.

Os institutos religiosos podem exigir em sua legislação particular, se assim julgarem conveniente, outro tipo de informação acerca da idoneidade dos candidatos e da ausência de impedimentos, e os superiores podem pedir outras informações quando julgarem oportuno. Contudo, estas informações não têm, como é óbvio, a importância de outros documentos que se exigem, nem se exigem as formalidades próprias dos certificados emitidos *ex officio*; inclusive podem ser simplesmente orais[9].

O atual *Direito* não exige já outro tipo de *letras testemunhais* como as exigia o antigo *CDC*[10]. Contudo, antes da admissão no noviciado seria bom prestar a devida atenção a possíveis *irregularidades* que, sem afetar propriamente a admissão no noviciado, poderão afetar no futuro a recepção das ordens sacras no caso dos noviços aspirantes ao estado clerical (cc. 1040-1049). Na suposição de que se deram, dever-se-ia estudar a conveniência de solicitar a correspondente dispensa à autoridade competente (cc. 34, 1 e 1047)

---

[9] Cf. ANDRÉS, D. J. op. cit., p. 285.

[10] Cf. *CDC* de 1917, c. 544, 2, 4 e 5.

já antes da admissão no noviciado. Este último não vem exigido pelo *Código* mas a instrução *Potissimum Institutioni* fala expressamente de que esse é o momento de solicitar tal dispensa (*PI*, 49).

2.2. As exigências canônicas: a casa, o lugar e a duração do noviciado

Quanto se refere à casa de noviciado é considerado no cânon 647. Este cânon estabelece, no § 1, que pertence ao superior geral do instituto, não já mais à Santa Sé, como se requeria antes[11], os seguintes três atos jurídicos: a ereção, a mudança e a supressão da casa de noviciado.

O *Direito* fala não somente da casa mas também do *lugar* do noviciado. É uma distinção que hoje em dia se deve levar em conta, porque o lugar onde se faz o noviciado nem sempre coincide com a casa de noviciado, como veremos.

Com efeito, embora o *CDC* prescreva que para que o noviciado seja válido, deve realizar-se na casa designada para isso (c. 647), isto é, naquela casa religiosa destinada a esta finalidade — não em qualquer outro lugar —, prevê que, excepcionalmente, o superior geral com o consentimento de seu conselho possa permitir que um candidato faça o noviciado em outra casa do instituto, sob a direção de um religioso pró-mestre. Isso se compreende sempre que se trate de casos individuais, um ou vários, cujas características aconselham a fazer uso de tal exceção.

Não somente em casos individuais, mas também quando se trata do *grupo de noviços*, o *Código* (c. 647) prevê a possibilidade excepcional — mesmo não sendo extraordinária ou rara —, de que se realize parte do tempo do noviciado em outro lugar.

---

[11] Cf. *CDC* de 1917, c. 554, 1.

Efetivamente, o grupo de noviços pode mudar-se e habitar, durante determinados períodos de tempo, outra casa do instituto. Para isso basta a permissão do superior maior (o superior provincial ou geral), que designará a casa.

É razoável que se abra essa possibilidade que se torna uma novidade. Desta maneira é viável que o grupo ou comunidade de noviços habite por algum tempo em outra casa, por motivos de formação em geral, sem que isso implique em interrupção nem corte que afete o tempo de duração do noviciado. É uma exceção que tem caráter coletivo — trata-se de um grupo —, que é temporal e que supõe a mudança de residência material sem que mude propriamente a sede canônica do noviciado[12].

Essa possibilidade, que à primeira vista parece um capricho do *Direito*, é uma oportunidade fabulosa que vale a pena ser estudada e posta em prática pelas vantagens pedagógicas na formação que oferece. Não é um convite para divagar com o grupo de noviços de casa em casa, mas tampouco é um convite para fechar-se entre as quatro paredes do convento ou da casa. Se é dada a possibilidade de se fazer algo diferente, embora com caráter excepcional, é preciso se perguntar qual seria a vantagem ou que bem poderia trazer para a formação dos noviços a mudança temporal para outra casa como, por exemplo, com o objetivo de visitar determinadas obras que o instituto realiza, ou para realizar algumas convivências com os noviços pertencentes a outros noviciados do mesmo instituto, ou para visitar a casa mãe, os lugares em que viveu e trabalhou o fundador ou a fundadora etc.

Outro detalhe importante é relativo à duração do noviciado. Fica fixada a duração do noviciado num mínimo indispensável de doze meses (c. 648), que deve transcorrer na mesma comunidade do noviciado, com as exceções contempladas no § 3 do

---

[12] Cf. ANDRÉS, D. J. op. cit., p. 302.

cânon 647 que comentamos. Não se exige, ao contrário, a continuidade desses doze meses, de maneira que podem ser computados de forma descontínua.

Fixada essa duração indispensável e mínima, faculta-se uma duração máxima e oscilante de dois anos, mais tempo do qual não deverá durar o noviciado (c. 648, 3)[13].

2.3. As possíveis ausências da casa de noviciado

Tendo em conta o que o *Direito* prescreve acerca da casa e do lugar do noviciado, e acerca da duração do mesmo, tal como acabamos de expor, é lógico que questionemos quais possibilidades existem para a realização do noviciado, isto é, para a realização válida do mesmo, considerando determinadas saídas ou ausências da casa que, provavelmente, terão os noviços ao longo do tempo de noviciado.

O *CDC* tem prevista uma série de ausências. Já falamos da ausência da casa de noviciado no caso individual de quem, com a permissão do superior geral, faz seu noviciado em outra casa do instituto em vista de suas circunstâncias pessoais. Vimos também o caso do grupo de noviços que se ausenta temporariamente da casa de noviciado e mora em outra casa do instituto, com permissão do superior maior, por razões de formação.

Quais outras ausências da casa de noviciado estão previstas na legislação eclesial? O *Direito* prevê um tipo de ausência motivada pela *atividade apostólica* durante algum período de tempo (c. 648, 2). Admite a possibilidade de que os noviços exercitem-se no apostolado, fora da comunidade do noviciado, por um ou mais pe-

---

[13] O noviciado não pode durar mais de dois anos, ficando a salvo, não obstante, a eventual prorrogação prevista no cânon 653, 2 para os casos de dúvida acerca da idoneidade. Cf. D. J. Andrés, op. cit., p. 312.

ríodos, entendendo tal exercício como complemento da formação e sendo obrigado a suprir o tempo empregado fora, isto é, tendo de se acrescentar o tempo empregado fora em tais exercícios ou atividades àquele que está determinado para o noviciado. Em outras palavras, respeitando integralmente os doze meses obrigatórios de estadia na casa de noviciado (seja de forma contínua ou descontínua).

O espírito desse cânon é que deve tratar-se de exercícios ou atividades apostólicas de acordo com o caráter do próprio instituto. Exercem-se durante o noviciado mas se realizam fora da comunidade do mesmo. E a finalidade principal desses exercícios é a formação, mas não a apostólica. Podem ser concebidos como complemento da formação e como campo experimental nos quais se comprove a idoneidade carismática do noviço, isto é, sua capacidade para levar o gênero de vida e apostolado do instituto.

Há outras ausências, distintas das já mencionadas, as quais o *CDC* contempla em função da duração das mesmas, independentemente dos motivos pelos quais são feitos. Assim não se leva em conta, sem mais, os casos que o antigo *CDC* de 1917 entendia como interrupção do noviciado[14] e passa-se a considerar unicamente os casos a partir do critério da temporalidade, isto é, em função da duração e não dos motivos. Desta sorte, supondo que a ausência da casa de noviciado *exceda os três meses*, seja de maneira contínua ou descontínua, o noviciado não é válido. Fica interrompido definitivamente e de maneira automática. As conseqüências são graves para a pessoa sujeito da ausência: deixa de ser noviço e não pode ser admitido à profissão religiosa nem emiti-la validamente (c. 656, 2). Cabe, isso sim, a possibilidade de repetir ou reiniciar o noviciado, sem necessidade de voltar a ser admitido no mesmo, uma vez que já o foi uma vez[15].

---

[14] Cf. *CDC* de 1917, c. 556, 1 e 2.

[15] Cf. Andrés, D. J. op. cit., p. 315.

Deve-se também olhar para o caso de que a ausência não exceda os três meses. Se se trata de uma *ausência superior a quinze dias* — não chegando aos três meses —, tal ausência não invalida o noviciado, mas é preciso supri-la, recuperá-la. Esta suplência é obrigatória (c. 649). Pelo contrário, se a *ausência for de quinze ou menos dias*, a suplência não é obrigatória.

O cânon 649, 2 faculta ao superior maior competente adiantar até a um máximo de quinze dias a primeira profissão dos noviços quando pareça conveniente, embora não entre em detalhes sobre as possíveis causas de tal antecipação. Em qualquer caso, não obstante, o uso desta faculdade não pode ser exercida quando intervêm outros impedimentos, como por exemplo, o já referido quanto à idade mínima necessária para que o noviço possa emitir a profissão religiosa, isto é, quando não tenha completado ainda os dezoito anos (c. 656, 1).

3. O tema educativo

3.1. O plano formativo e os formadores do noviciado

No momento de nos defrontarmos com o tema educativo convém ter em conta que o *CDC* inclui toda a formação do noviciado no plano formativo ou estatuto, o qual não depende propriamente do mestre nem da equipe formativa, mas que depende exclusivamente do instituto, que deve defini-lo em seu *Direito* próprio (c. 650, 1).

O estatuto formativo, pois, não é inventado pelos formadores, mas deve emanar do *Direito* particular, em conformidade com a doutrina que o *Direito* comum diz respeito ao noviciado. Os formadores, antes, assumem as diretrizes do estatuto e consideram-se fiéis servidores do mesmo a fim de conseguir a finalidade do noviciado.

Feita essa primeira observação referente ao estatuto ou plano formativo, deve-se reconhecer que o *CDC* outorga ao *mestre de noviços* uma grande importância. Põe sob sua direção os noviços para serem formados segundo o plano formativo e lhe reserva com exclusividade o governo dos mesmos, embora permaneçam sempre sob a autoridade dos superiores maiores (c. 650, 2).

Na prática cotidiana fica evidente a função formativa do mestre, ao qual se atribui um amplo poder de governar os noviços, mas, é claro, sempre que tal poder exerça-se com a finalidade de conseguir os objetivos próprios do noviciado. Aqui *governar* não significa ser dono e senhor, ou fazer ou desfazer a 'bel prazer'.

Os *requisitos* que se exigem do *mestre de noviços* são: ser membro do instituto, ter feito já a profissão perpétua e ter sido legitimamente designado para esse cargo (c. 651, 1). Nada se diz, ao contrário, sobre sua idade, enquanto que no antigo *CDC* era marcada[16], embora a exigência de ser professo de votos perpétuos delimite a idade quanto ao mínimo. Nada se diz tampouco acerca de suas qualidades pessoais, coisa que o antigo *CDC* sim, entrava em detalhes, precisando tanto o grau que deviam ter, isto é, *sobressair*, como as virtudes específicas requeridas: prudência, caridade, piedade e observância religiosa[17].

Presumivelmente julgou-se desnecessário estabelecer um elenco de virtudes e qualidades, assim como precisar o grau ou nível das mesmas, tal como se expressava no antigo *CDC*. Então precisamos entender que compete ao *Direito* particular de cada instituto olhar para estes aspectos, apontados no plano ou estatuto formativo, em consonância com a idiossincrasia e com o caráter do próprio espírito.

Junto ao mestre, e em sua dependência e do plano formativo, podem atuar também *outros colaboradores*. São os coadjutores ou ajudantes, auxiliares e outras pessoas que intervêm nas áreas

---

[16] Cf. *CDC* de 1917, c. 559, 1.
[17] Cf. *CDC* de 1917, *ibid.*

de formação. Constituem com o mestre a equipe formativa do noviciado. Pede-se que sejam pessoas bem preparadas e livres de outros trabalhos que os impeçam o completo cumprimento de suas funções educativas de maneira habitual ou estável (c. 651, 2 e 3). A necessidade de liberação de outros compromissos, particularmente no caso do mestre, parece evidente e neste sentido insistirá também mais adiante a instrução *Potissimum Institutioni*.

Em sentido amplo, é reconhecido a todos os demais membros do instituto igualmente alguma responsabilidade formativa sobre os noviços. Pede-se-lhes que colaborem na formação dos mesmos com o exemplo de suas vidas e com a oração (c. 652, 4). Finalmente vale a pena destacar o protagonismo autoformativo dos próprios noviços. São convidados a colaborar responsável e ativamente com o mestre (c. 652, 3). E tanto eles como seus formadores deverão ter em conta que o mínimo tempo de doze meses completos que deve durar o noviciado e que deve transcorrer na mesma comunidade não se pode empregar em estudos ou trabalhos que não contribuam diretamente para a formação (c. 652, 5).

3.2. Os conteúdos e as tarefas da formação

O projeto de formação do noviciado, em cujo conjunto colocarão em prática todas as suas energias tanto os noviços como os formadores, abrange uma série de conteúdos e tarefas que se distribuem em torno dos seguintes elementos (c. 652, 1 e 2):

— o discernimento e a comprovação da vocação dos noviços (com a colaboração mútua de formadores e noviços);
— o cultivo das virtudes humanas e cristãs;
— a formação gradual para que se viva a vida de perfeição própria do instituto (das quais as constituições são expressão objetiva);

— a introdução nos caminhos da vida espiritual e em seu progresso pela abnegação de si mesmos e pela oração;

— o ensinamento e a aprendizagem da contemplação do mistério da salvação·e da familiaridade com as Sagradas Escrituras (leitura, meditação etc.);

— a preparação para a celebração do culto litúrgico;

— a formação nos valores da vida consagrada, isto é, o engajamento na observância da disciplina religiosa e no cumprimento dos votos ou conselhos evangélicos;

— a instrução acerca do caráter, espírito, finalidade, intenção, história e vida do instituto;

— e o fomento de amor à Igreja e aos seus pastores (fomento do sentido eclesial para não se sentir *gheto* mas membros vivos da Igreja, em cuja frente estão os pastores).

4. Alguns detalhes e "outros fios soltos"

4.1. Conclusão e possível prorrogação do noviciado

O noviciado termina uma vez transcorridos os doze meses prescritos pelo *CDC*, ou uma vez transcorrido o tempo indicado pelo *Direito* particular dos institutos. Mas como foi dito anteriormente, o superior maior tem a faculdade para adiantar a profissão religiosa no máximo de até quinze dias (c. 649, 2), em cujo caso a princípio o noviciado terminaria quinze dias antes do previsto.

Já consideramos também os outros casos de conclusão do noviciado em datas posteriores às previstas, devido a determinadas ausências; algumas por razão da realização de ações apostólicas fora da casa de noviciado; outras por diversas razões mas que, de qualquer modo, ultrapassaram os quinze dias sem chegar aos três meses e que, por isso mesmo, teria de se recuperar.

Todos esses casos fariam terminar o noviciado em datas diferentes — antes ou depois — das previstas inicialmente e devido às ausências da casa de noviciado. No caso de uma ausência que exceda os três meses, também gera a conclusão do noviciado simplesmente por interrupção do mesmo (c. 649, 1). Mas não são esses os modos de conclusão do noviciado que nos interessam agora.

Efetivamente, existem *diversas fórmulas jurídicas ou modos de concluir o noviciado*, e são os seguintes[18]:

— abandono livre, durante ou no fim do noviciado
(c. 653, 1);
— demissão, durante ou no fim do mesmo
(c. 653, 1 e 2);
— admissão à profissão temporária ou primeira
(c. 653, 2.);
— prorrogação da prova
(c. 653, 2).

a) Antes de tudo, o *Direito* quer assegurar a liberdade do noviço para *abandonar* o instituto; que nenhuma pressão externa impeça o exercício libérrimo de se ir embora. Não diminui, portanto, esta liberdade o oportuno chamamento do mestre ou dos superiores para a reconsideração da decisão tomada, se houver razões objetivas para isso. Mas não é oportuno mendigar uma ou mais vezes que o noviço permaneça no noviciado por nenhuma razão extrínseca às motivações estritamente vocacionais da pessoa.

b) A *demissão*, ou dito de outra forma, a não-admissão à profissão, sem concessão de prorrogação, é também um *Direito*

---

[18] Cf. Andrés, D. J. op. cit., p. 342.

do instituto, mas somente deve ser exercido mediante causas razoáveis. Pode acontecer durante ou mesmo no fim do noviciado.

A autoridade competente da demissão é o superior maior que, logicamente terá sido informado devidamente pelo mestre e demais colaboradores da equipe formativa e terá escutado também o noviço em questão ou, ao menos, conhecerá em detalhe as circunstâncias que aconselham sua demissão.

É inútil dizer os inconvenientes que decorrem da demissão. Parece que não é o procedimento mais indicado, embora às vezes pode ser que seja o único possível. Seria preferível esgotar outros procedimentos menos contundentes, como por exemplo, conseguir que o próprio noviço perceba ele mesmo a conveniência de abandonar o instituto depois de um sereno e cordial diálogo sobre o assunto. Se o que realmente se busca é fazê-lo compreender que o seu caminho de realização pessoal e cristão passa por uma vocação diferente da vocação religiosa, não deve tornar-se por demais trabalhoso chegar a um acordo. Os procedimentos apaixonados, ao contrário, podem ser mais rápidos mas deixam um amargo gosto na boca de ambas as partes, instituto e noviço.

c) A admissão para a profissão temporária é a conclusão ideal e esperada do noviciado, supostamente a idoneidade. Garantias do mesmo são o mestre e a equipe formativa, assim como os demais noviços, os quais dariam sem falta suas informações ao superior maior correspondente antes da aprovação para a profissão religiosa.

d) Nos casos de dúvida acerca da idoneidade dos noviços, o superior maior poderá conceder a *prorrogação* do noviciado, tendo em conta o que prescreve a respeito o *Direito* particular do instituto, mas nunca a prorrogação pode ser mais longa do que seis meses conforme estabelece o *CDC*.

4.2. Outros "fios soltos" (de ordem espiritual e temporal)

É aplicável ao noviciado o que o cânon 630, 3 estabelece em relação com a figura do *confessor*: quer que haja um confessor ou vários nas casas de formação. Conseqüentemente também no noviciado deve haver algum confessor, ou vários, com caráter de *confessor ordinário*, aprovado pela autoridade competente, a qual podem recorrer os noviços com toda a liberdade ou abster-se de fazê-lo. Deve-se ter presente, do mesmo modo, o que estabelece o cânon 985: que o mestre de noviços e seu assistente não devem ouvir confissões sacramentais de seus alunos — entenda-se noviços — que residem na mesma casa, a não ser que eles mesmos o peçam espontaneamente em casos particulares.

E, já com relação a outra ordem de coisas, recordemos que afeta também aos noviços quando estabelece o cânon 668, 1 e 2, acerca da *cessão da administração de seus bens e disposição livre* sobre o uso e usufruto dos mesmos, assim como acerca do *testamento*. O que o *Direito* estabelece é que os noviços, antes da primeira profissão, deverão fazer cessão da administração de seus bens a favor daqueles que desejarem e dispor livremente (sempre que as constituições não prescrevam outra coisa) sobre o uso e usufruto deles. Ao contrário, o testamento, que segundo o antigo *CDC* fazia-se antes da primeira profissão[19], agora é adiado até o momento imediatamente anterior à profissão perpétua.

Em qualquer caso, os noviços deverão saber que quanto disponham livremente nestes atos não poderão modificá-lo sem licença do superior competente, mediante causa justa, e que deverão contar com tal licença de então em diante para a realização de qualquer ato em matéria de bens temporais (c. 668, 2). Ao chegar o momento de realizar estes atos, que costumam despertar certa

---

[19] Cf. *CDC* de 1917, c. 569, 3.

curiosidade nos noviços, será oportuno que o mestre contribua que levem a sério, como é necessário. Não se deve dar-lhe maior importância do que a devida, mas fazê-los com a conveniente ponderação, levá-lo com a devida seriedade, como se tratasse de uma simples disposição sem conseqüências[20]. E, destes "fios soltos", passamos em seguida a ver o que a instrução *Potissimum Institutioni* acrescenta à doutrina canônica sobre o noviciado.

5. A contribuição da instrução "Potissimum Institutioni" *(PI)*[21]

A Congregação para os Institutos de Vida Consagrada e Sociedades de Vida Apostólica publicou a instrução *Potissimum Institutioni* no dia 2 de fevereiro de 1990. Embora esta instrução tenha saído à luz pública após a promulgação do *CDC*, estava sendo preparada vários anos antes, sendo redigida, em forma de rascunho, num total de onze projetos de documentos bastante completos, além de outros planos ou esquemas gerais[22]. Este simples dado indica-nos a complicação a que chegou a publicação deste documento. *PI*, por seu caráter de instrução, oferece algu-

---

[20] Quando por qualquer circunstância não existam bens atuais sobre os quais realizar a cessão de sua administração nem sobre o que dispor de seu uso e usufruto, parece lógico que estes atos jurídicos não se realizem, ou se adiem até o momento em que mudem as circunstâncias.

[21] CONGREGACIÓN PARA LOS INSTITUTOS DE VIDA CONSAGRADA Y LAS SOCIEDADES DE VIDA APOSTÓLICA. *Orientaciones sobre la formación en los institutos religiosos (Potissimum Institutioni) (PI)*. Roma, 2-II-1990: *AAS* 82 (1990), p. 470-532.

[22] Cf. ANDRÉS, D. J. "Cuestiones canónicas generales", em ARROBA, M. J. (dir.). *La formación de los religiosos. Comentario a la Instrucción "Potissimum Institutioni"*. Roma, Ediurcla, 1991, p. 101.

mas disposições e orientações que explicitam as normas do *CDC* ainda vigentes, sem derrogá-las em absoluto[23].

5.1. *"Potissimum Institutioni" apresenta algo?*

Na exposição da doutrina de *PI* sobre o noviciado limitar-me-ei a acentuar aqueles pontos que significam novidade ou explicitação notória a respeito da doutrina e legislação do *Direito*[24]. Fala a instrução sobre o *noviciado* e a *primeira profissão* expressamente nos números 45-57. A natureza e a finalidade do noviciado são definidas com as mesmas palavras com as quais as define o *CDC*, cânon 646. Pois bem, a instrução acrescenta uma nova definição de caráter cristológico na qual faz menção explícita da diversidade carismática no seguimento de Cristo e do caráter de iniciação que o noviciado tem para esse gênero de vida segundo os diversos carismas e institutos.

PI[25] apresenta também do *Direito* (c. 652, 2) um elenco de conteúdos e tarefas que constituem o que poderia denominar-se *lei geral de iniciação integral* própria da etapa do noviciado, e deduz-se da mesma algumas derivações operativas, como *linhas de ação* características dessa iniciação integral. São as seguintes[26]:

a) iniciação no conhecimento profundo e vivo de Cristo e de seu Pai, com a adoção de meios tão importantes como são o estudo meditado da Escritura, a celebração da Liturgia segundo o es-

---

[23] Cf. *CDC*, c. 34.

[24] Para um comentário mais amplo à doutrina de *PI* sobre o noviciado, indico minha colaboração sobre "El noviciado y la primeira profesión" (comentário a *PI*, 45-57), em SANZ, A. (dir.). *Camino de formación. Texto y comentario de la instrución "Orientaciones sobre la formación en los Institutos religiosos"*. Madrid, PCI, 1991, p. 205-246.,

[25] *PI*, 46.

[26] *PI*, 47.

51

pírito e o caráter do instituto, a iniciação teórica e prática na oração pessoal e a leitura espiritual dos grandes autores da tradição.

b) iniciação no mistério pascal de Cristo (desprendimento, conselhos evangélicos, ascese evangélica etc.);

c) iniciação na vida fraterna evangélica;

d) iniciação na história, na missão e na espiritualidade própria do instituto, com a eventual realização, em um ou mais períodos, da exercitação apostólica, cuja possibilidade ou conveniência já considerava a anterior instrução *Renovationis Causam*[27] e o próprio *Código*[28].

5.2. Novas orientações da "Potissimum Institutioni"

A instrução *PI* oferece novas orientações e acentuações peculiares sobre determinados pontos que na atualidade parecem ter alguma relevância, como o fato de realizar o noviciado fora da própria cultura, questão do trabalho profissional durante o noviciado, o papel relevante que tem a renúncia nesta etapa formativa, o tema das comunidades inseridas e alguns critérios.

5.2.1. A realização do noviciado fora da própria cultura (PI, 47)

Trata-se de uma questão nova, não considerada anteriormente pelo *CDC*. A instrução desaconselha abertamente fazer o noviciado num ambiente estranho ao da própria cultura e língua dos noviços. Dá tal importância a isso que chega a sujeitar a esse critério inclusi-

---

[27] *RC*, 5.
[28] *CDC*, c. 648, 2.

ve o fato de que a comunidade de noviços seja de reduzido número, o que parece ter claras desvantagens formativas.

A instrução apresenta uma série de razões com a finalidade de dissuadi-lo:

— o favorecer a estabilidade psicológica dos noviços (*equilíbrios fundamentais da pessoa*), libertando de tudo quanto possa ameaçar um relacionamento franco e compreensivo com o mestre com o acréscimo de outros problemas, numa etapa da formação tão transcendente;
— e evitar o risco de que o instituto aceite falsas vocações, ou não se percebam eventuais falsas vocações, devido precisamente a mudança dos noviços para outra cultura.

As razões que a instrução apresenta merecem ter-se em consideração. A experiência de algumas congregações que se abasteceram de vocações provenientes de outros países, mudando-as, não sem certa violência, de seu *habitat*, é a causa desta disposição ou orientação.

Não iria contra o espírito da instrução, conforme meu parecer, possibilitar a realização do noviciado em outra cultura distinta da própria cultura de origem quando existiu previamente um tempo de postulantado ou seu equivalente no próprio ambiente cultural durante o qual tenha resolvido satisfatoriamente a preparação psicológica dos candidatos, a aprendizagem de outra língua, assim como a formação espiritual e vocacional necessárias, de maneira que possam iniciar sem traumas e com proveito o noviciado em outro país ou ambiente cultural, sempre que existam vantagens formativas objetivas que aconselhem verdadeiramente (como seria, por exemplo, contar com um grupo de noviços mais numerosos e com a contribuição pedagógica dos formadores etc.).

Será preciso avaliar, ao se apresentar o caso, vantagens e desvantagens, já que a instrução não estabelece preceito ou norma a respeito, mas que enuncia isso como conselho ou recomendação, expressando-o, com efeito, de forma negativa ("é desaconselhável..."[29]).

5.2.2. A questão do trabalho profissional durante o noviciado[30]

Eis aqui uma questão específica que a instrução aborda com clara exposição, dando pautas muito concretas sobre o comportamento nos supostos casos de trabalho profissional durante o noviciado. Aponta, com efeito, as condições nas quais tal trabalho profissional com tempo total poderia ser permitido: que se realize unicamente durante o segundo ano de noviciado, quando o houver, e que responda a um duplo critério, o formativo e o institucional, isto é, que contribua para a formação dos noviços e esteja em sintonia, de fato, com a finalidade apostólica da família religiosa.

Por conseguinte, exclui-se absolutamente o trabalho profissional durante o primeiro ano de noviciado, sob qualquer pretexto; e, durante o segundo ano, quando e onde o houver, subordina-se à finalidade formativa e apostólica.

Temos de recordar, todavia, que a instrução está referindo-se ao trabalho profissional realizado em tempo total, e não para outras atividades manuais e domésticas que os noviços poderão realizar proveitosamente durante toda a etapa do noviciado. E mais ainda, é conveniente que realizem em casa algum trabalho, bem dosado, certamente, que sem diminuir-lhes as energias e sem provocar tensão para sua fundamental tarefa formativa e espiritual os ajude a viver serenamente e lhes ensine a valorizar, como um dom precioso, o tempo do qual dispõe para si no noviciado e os

---

[29] *PI*, 47.
[30] Cf. *PI*, 48.

meios extraordinários que podem lançar mão na vida religiosa para a reflexão e para a contemplação.

Tudo isso, por suposto, o afirmamos sem prejuízo de quanto estabelece em outro lugar a mesma instrução[31], em relação com o trabalho que devem realizar os noviços pertencentes às ordens contemplativas. Eles — e elas — devem aprender especialmente qual o significado do trabalho que se realiza dentro do mosteiro. Mas também nesses casos, continua permanecendo firme o critério de que o tempo reservado ao trabalho não poderá nunca ser tirado daquele que está normalmente consagrado aos estudos e a outras atividades que se relacionam diretamente com a formação.

5.2.3. Os critérios de flexibilidade e de estabilidade[32]

A instrução traz algumas orientações pedagógicas interessantes em torno das circunstâncias dos tempos e lugares da realização do noviciado. Aponta dois critérios, o da flexibilidade e o da estabilidade, que coloca à consideração dos superiores e responsáveis pela formação.

O critério da *flexibilidade*. — Apela-se à prudência para saber usar a flexibilidade da normativa vigente quanto a organização dos tempos e dos lugares. Parece um convite a não se limitar a cumprir literalmente quanto prescreve o *Direito*, mas a buscar, de forma criativa embora prudente, alguns dinamismos formadores não obrigatórios mas, talvez, convenientes que vão supor, por exemplo, a mudança dos noviços para outra casa do instituto durante alguns períodos de tempo. É um convite que faz a *PI* para usar com liberdade quanto o próprio *CDC* deixa como possibilidade não obrigatória, mas que pode ser de utilidade para a

---

[31] Cf. *PI*, 79.
[32] Cf. *PI*, 50.

formação. Sobre esta possibilidade já fiz algum comentário anteriormente.

O critério da *estabilidade*. — A instrução apela, por outra parte, ao critério da estabilidade. Explica como o fator *estabilidade* é uma condição indispensável para a realização de um noviciado. A estabilidade é aquele clima psicológico no qual se respira serenidade, sossego, e no qual o noviço não se sente ameaçado por sobressaltos, mudanças bruscas, inquietações, instabilidade e não chega o barulho do mundo... É o ambiente ideal em que alguém poderia adormecer se não estivesse constantemente urgido pela voz do Senhor a dar uma resposta generosa que compromete seu projeto de vida.

A situação de estabilidade desejável para o noviciado tem sua razão de ser em função da consecução de uma maior segurança para aqueles que dão os primeiros passos na vida religiosa; não se trata, pois, de favorecer um bem-estar indolente. O cultivo da oração assídua, a solidão e o silêncio, entre outras atividades, constituem para a alternativa ao *dolce far niente* (doce não fazer nada) de um noviciado muito estável mas pouco ou nada dinâmico. Os responsáveis deverão estar atentos para que se evitem todos os extremos. Procurarão para os noviços esta estabilidade, mas também procurarão que eles estejam conscientes e sejam responsáveis no aproveitamento deste tempo precioso e deste lugar único.

Conforme a psicologia pessoal de cada noviço, a procedência e o tempo de preparação prévio para o ingresso no noviciado (porque alguns terão feito o pré-noviciado em alguma casa do instituto, e outros em seu próprio ambiente familiar), alguns experimentarão mais a tendência a *sair do mundo, e* outros, ao contrário, *a de ir ao mundo.* Em todo caso, é preciso que os noviços não entendam nem vivam o noviciado como evasão e *fuga do mundo,* nem tampouco co-mo reclusão obrigatória, em espera de um futuro apostólico, libertador ou de uma vida comunitária mais livre. Ambas as maneiras de se entender e de viver o noviciado são negativas.

56

5.2.4. O papel relevante da renúncia[33]

O clima do noviciado pode ser fabuloso e, se acontecer isso, se deverá em boa parte ao esforço dos formadores, os quais não medirão esforços para procurar o melhor para seus noviços. E "esse clima bom" não tem sentido em si mesmo se não for em função de favorecer o enraizamento em profundidade da vida espiritual, o progresso nos caminhos do espírito, a erradicação das paixões.

Isso supõe a integração positiva das próprias energias pessoais, acrescentando a este esforço a conveniente dose de capacidade, de renúncias e de abnegação, ingredientes ascéticos que não costumam dar-se espontaneamente. Aqui a instrução é taxativa e não anda colocando panos quentes ou flores. Por isso, recorda que é necessário:

— o desprendimento de certos valores positivos do mundo (que não se deixam porque são maus, mas apesar de reconhecer sua bondade);
— e o desprendimento de si mesmo (o mais difícil, porque o próprio eu não fica fora das portas do noviciado mas que entra dentro conosco).

5.2.5. Desaconselhável fazer o noviciado em comunidades inseridas[34]

Potissimum Institutioni[35] descreve quais são as chamadas *comunidades inseridas*, isto é, aquelas pequenas comunidades religiosas localizadas em um ambiente popular, na periferia das grandes cidades ou nas zonas mais afastadas e mais pobres do

---

[33] Cf. *PI, ibid.*
[34] Cf. *PI, ibid.*
[35] Cf. *PI*, 28.

campo que se situam ali para ser expressão significativa da *opção pelos pobres...*

No que se refere à etapa formativa do noviciado, desaconselha-se absolutamente[36]. O noviciado é, por si mesmo, uma experiência forte a qual não se deve sobrecarregar com outras experiências, talvez, interessantes e oportunas em outros momentos da formação ou na vida posterior dos religiosos.

5.3. Algumas linhas pedagógicas segundo "Potissimum Institutioni"

Os números 51-53 da instrução apresentam os aspectos propriamente pedagógicos. O documento parte da constatação das diferenças de nível cultural humano e cristão que os noviços costumam apresentar. Não é somente porque alguns não dão o recado, como se costuma dizer, o que nos faz recordar a etapa do prénoviciado como tempo formativo ideal e necessário para conseguir uma preparação adequada; é que, além disso, e apesar da preparação específica durante a etapa preparatória para a entrada no noviciado, irá produzir-se sempre uma diferença entre o nível cultural humano e cristão que apresentam alguns noviços e aquele que apresentam outros. É inevitável. É preciso que essa diferença não seja colossal. Mas, em todo caso, assenta-se o princípio pedagógico da adequação do acompanhamento e da adaptação dos conteúdos e dos métodos educativos para a singularidade pessoal de cada noviço.

Quanto à direção do noviciado, a instrução repete o que prescrevem os cânones (cc. 650-652, 1), isto é, reconhece que o governo dos noviços é reservado exclusivamente ao mestre, sob a autoridade dos superiores maiores. Sustenta a necessidade de

---

[36] Cf. *PI*, 50.

que o mestre esteja realmente liberado de toda outra obrigação que dificulte o pleno cumprimento de seu cargo e fala também dos colaboradores no mesmo sentido que o *CDC* (c. 651, 3).

A instrução insiste na função do acompanhamento espiritual do mestre a respeito de todos e de cada um dos noviços. *PI* faz uma avaliação da importância do acompanhamento espiritual situando-o acima dos meios psicopedagógicos e insistindo que estes nunca poderão substituir aquele[37]. Quer além disso, que o mestre considere o noviciado como o lugar de seu ministério, de maneira que ofereça aos noviços uma permanente disponibilidade.

Aos noviços, por outra parte, pede-lhes que correspondam com uma abertura livre e total para com seu mestre, e insta com eles que colaborem, recordando o que diz o cânon 652, 3 a este propósito. E termina a instrução o tema do noviciado com a citação do cânon 652, 4 relativo a responsabilidade educativa que todos os membros do instituto têm através de sua vida e de sua oração, copiando-o literalmente.

6. Outra instrução: em torno da colaboração formativa intercongregacional

No dia 8 de dezembro de 1998 a Congregação para os Institutos de Vida Consagrada e Sociedades de Vida Apostólica publicavam uma nova instrução acerca da *Colaboração entre Institutos para a formação,* e ali também fala-se expressamente do noviciado[38].

Interessa-nos, pois, conhecer qual é a normativa ou orientação referente a possível tomada de posição posta em prática

---

[37] Cf. *PI,* 52.

[38] O documento não saía à luz pública de forma surpreendente, sempre que já a *PI* anunciava isso; cf. *PI,* 100.

59

para a colaboração intercongregacional, concretamente durante a etapa do noviciado. Isto vamos encontrar nos números 14-16 da citada instrução.

Sinteticamente se diz ali:

Antes de tudo reafirma-se a absoluta necessidade de que cada instituto tenha seu próprio noviciado, embora possa recorrer-se também — com caráter subsidiário mas aconselhável, conforme as circunstâncias — a um programa intercongregacional para a formação doutrinal. Desfazia-se, então, por completo, a idéia de um hipotético "noviciado intercongregacional", e o que se fala é de uma colaboração entre institutos com cursos intercongregacionais para noviços ou para noviças com caráter de *serviços complementares* com a finalidade da aquisição da adequada formação doutrinal.

A instrução faz as seguintes observações para a organização destes serviços complementares intercongregacionais:

— Parece oportuno que os mestres e mestras de noviciado estejam também presentes a tais cursos para ajudar os(as) noviços(as) na integração dos conteúdos.

— Sugere-se a temática do programa doutrinal de tais cursos e sua modalidade, indicando que tal temática deverá aprofundar-se logo em chave formativa.

— Recorda-se que a freqüência e a intensidade destes cursos não devem ser tais que sejam um obstáculo a finalidade do noviciado.

— Insiste no intercâmbio e no conhecimento dos respectivos institutos, dos fundadores, da espiritualidade etc., com a finalidade de dar garantia da própria originalidade da fundação e ao cultivo do sentido de comunhão.

— Afirma-se a necessidade que exista um acompanhamento e um controle de avaliação de tais cursos por parte dos formadores e dos superiores maiores, contando também com o parecer dos noviços.

— Com a ocasião desses cursos, os formativos e formativas terão a oportunidade de uma atualização constante e poderão encontrar caminhos para o intercâmbio, para a confrontação, o apoio mútuo em seu trabalho de formação.

7. Conclusão

Chegamos ao final deste capítulo depois de haver reunido a doutrina da Igreja acerca do noviciado. O *CDC* atualmente vigente na Igreja e as das instruções nas quais nos baseamos ofereceram-nos os diversos aspectos de tipo jurídico, espiritual e pedagógico que constituem e configuram em seu conjunto um noviciado. Desta forma temos dado resposta à pergunta sobre como é o noviciado em nossos dias, toda vez que no capítulo anterior nos perguntávamos como era o noviciado em outros tempos. Vimos como é o noviciado na atualidade, mas de maneira esquemática e de uma perspectiva predominante canônica, normativa. Há aspectos mais vitais da vida de um noviciado que escapam, evidentemente, dessa apresentação esquemática. O noviciado é assim, configura-se conforme todos esses traços apontados. Mas não seríamos de tudo justo com a verdade se não acrescentássemos que a este esquema lhe falta — para ser real — a encarnação nas pessoas, nos lugares dos institutos concretos, com o revestimento peculiar de cada um deles, na correspondência do Espírito que outorga dons diversos e que, por isso mesmo, configura diversamente a vida dos institutos e dos noviciados, embora sendo idêntico aos demais noviciados, é sempre diferente.

ÍNDICE

APRESENTAÇÃO 3
1. Os destinatários 3
2. A distribuição dos capítulos 4
3. Finalidade 5

I. COMO FOI O NOVICIADO
EM OUTROS TEMPOS 7
1. Um olhar retrospectivo: o noviciado na história 7
2. O noviciado no período pré-tridentino 9
3. O noviciado no período pós-tridentino 16
4. Evolução posterior do noviciado e codificação
de sua doutrina 20
5. O noviciado na etapa da renovação pós-conciliar 26

II. O NOVICIADO NA ATUALIDADE
(SEGUNDO A LEGISLAÇÃO ECLESIAL VIGENTE) 31
1. O noviciado conforme a legislação vigente na Igreja ... 31
   *1.1. Como o CDC define o noviciado e que
   finalidade lhe atribui* 32
   *1.2. Quem pode admitir no noviciado e quais
   qualidades deve exigir dos candidatos* 33
   *1.3. Que obstáculos opõem-se à admissão
   (os impedimentos)* 35
2. Às voltas com os papéis e outras exigências
canônicas 38
   2.1. Certificados e informações 38

2.2. As exigências canônicas: a casa, o lugar
e a duração do noviciado 39
2.3. As possíveis ausências da casa de noviciado 41
3. O tema educativo 43
3.1. O plano formativo e os formadores
do noviciado 43
3.2. Os conteúdos e as tarefas da formação 45
4. Alguns detalhes e "outros fios soltos" 46
4.1. Conclusão e possível prorrogação do
noviciado 46
4.2. Outros "fios soltos" (de ordem espiritual
e temporal) 49
5. A contribuição da instrução "Potissimum
Institutioni" (PI)...................................50
5.1. "Potissimum Institutioni" apresenta algo? 51
5.2. Novas orientações da "Potissimum
Institutioni" 52
5.2.1. A realização do noviciado fora da
própria cultura (PI 47) 52
5.2.2. A questão do trabalho profissional
durante o noviciado 54
5.2.3. Os critérios de flexibilidade e de
estabilidade 55
5.2.4. O papel relevante da renúncia 57
5.2.5. Desaconselhável fazer o noviciado
em comunidades inseridas 57
5.3. Algumas linhas pedagógicas segundo
"Potissimum Institutioni" 58
6. Outra instrução: em torno da colaboração
formativa intercongregacional 59
7. Conclusão 61